大胆予測！
# IoTが生み出すモノづくり市場 2025

「T」を起点に
バリューを織り込め

日本総合研究所
井熊 均・木通秀樹 ——— 著

B&Tブックス
日刊工業新聞社

# はじめに

　1990年代のインターネットの黎明期、シリコンバレーでインターネットの先駆者から話を聞いた。「インターネットは始めに情報を動かし、人を動かし、モノを動かし、社会を動かすようになるだろう」という趣旨の話だった。それから20年、予言は完全に的中した。今や世界中の人が情報の多くをインターネットに頼り、インターネットの情報を見聞きして動く。そして、センサー革命と共にインターネットが本格的にモノに接続されることになった。情報や人の動きが文字通り革新されたように、これから10年間くらいの間に、モノの動き、モノづくりも革新されることになるだろう。

　IoTが何をもたらすかは過去のインターネットの影響から予測できる面も少なくない。まず、無駄が排除される。本書でも述べている通り、どんなに入念に計画され精緻に作られたモノでも、構造的に生まれてしまう無駄がある。例えば、作る側には見えないユーザーのニーズがあり、ユーザーには見えない作る側の意図がある。作る側にも見えなかったモノの側面がある。さらに、これまで単体で機能していたモノが他のモノや情報と連動して機能するのが当たり前になる。こうして、どんなモノにも今まで見えなかった無駄が浮び上がってくる。当然、付加価値も生み出す。生産サイドでは効率性を高めてロスを減らし、顧客サイドではエンドユーザー向けのサービスの品質とスピードが上がる。

　2017年度、日本企業は好業績を上げたが、中身を見ると業態によって収益のレベルが一様ではないことが分かる。ITの取り込み方が深いほど収益率が高いように見えるのだ。こうした傾向は、今後ますます顕著になり、IoTの取り組みの巧拙やスピードで企業の力に埋め難い差が付くことになるだろう。製造業のシェアが大きい日本ではその影響がひときわ鮮明になる可能性が高い。一方で、IoTを上手く取り込めば、これまで押され気味だったIT産業に対して捲土重来を果たせる可能性も十

分にある。ただし、そのためには、ビジネスモデルはもとより、企業としての本質的な体質改善が不可欠だ。

　本書は、こうした理解から、製造業を中心とした日本企業がIoTを追い風とし、いかにして次世代に向けた成長ステージに乗るかを問うことを目的としている。第1章では、色々な分野で普及しているIoTの動きを概観し、第2章ではIoTの技術サプライチェーンに沿って活躍する企業の様子を追った。その上で、第3章の前半では、IoTの市場構造と勢力図を重要なビジネスモデルに基づいてマップ化し、後半では企業戦略に影響を及ぼすトレンドを指摘した。最後に、第4章では、3章までの流れを受けて、日本の企業と政策が取り組むべきポイントを10項目にまとめて示した。本書が、日本がIoTを上手く取り込み次世代を切り拓く一助になることがあれば筆者としてこれ以上の喜びはない。

　本書については、新日本編集企画の鷲野和弘様にお世話になった。企画段階からのご支援について心より御礼申し上げる。
　本書は、株式会社日本総合研究所創発戦略センターの木通秀樹君との共著である。モノづくりと制御に精通したIoTの申し子のような木通君の知見無しに本書の執筆は成り立たなかった。心より御礼申し上げる。
　最後に、筆者の日頃に活動に対して、ご支援ご指導を頂いている株式会社日本総合研究所に厚く御礼申し上げる。

　　　　　　　　　　　　　　　　　　　　　　　　2018年初春
　　　　　　　　　　　　　　　　　　　　　　　　井熊　　均

# 目　　次

はじめに ……………………………………………………………… 1

## 第1章　広がるIoTの世界

### 1. AIの虚実とIoTのリアリティ ………………………………… 8
- 人間を超えるAI ………………………………………………… 8
- AIの限界 ………………………………………………………… 9
- 判断者にはならないAI ………………………………………… 10
- バブルの様相、AI、再エネ、電気自動車 …………………… 11
- 制約されていたデータ解析 …………………………………… 12
- IoTブームを作ったセンサー革命 …………………………… 13
- IoTに紐づくリアルなAI ……………………………………… 15
- ライフサイクルコストを改善するIoT ……………………… 16

### 2. あらゆる分野に広がるIoTの世界 …………………………… 18
- 自動車 …………………………………………………………… 18
- 農業 ……………………………………………………………… 24
- 建設 ……………………………………………………………… 30
- インフラ ………………………………………………………… 35
- 不動産 …………………………………………………………… 40
- 家電 ……………………………………………………………… 45
- 流通・サービス ………………………………………………… 50
- ヘルスケア ……………………………………………………… 55
- エネルギー ……………………………………………………… 60

目　次

- プラント・設備管理 ……………………………………………… 65
- 製造業 ……………………………………………………………… 71

## 第2章　新旧勢力が競い合うIoT市場

1. IoTの技術サプライチェーン ………………………………… 78
   - 複雑なIoTの価値創出の構造 ………………………………… 78
   - 技術サプライチェーンが作り出す新たな価値 ……………… 88
2. 機能毎に見たIoT企業の活躍 ………………………………… 91
   - データ取得 ……………………………………………………… 91
   - データ処理 ……………………………………………………… 93
   - 通信・ネットワーク …………………………………………… 94
   - 電源 ……………………………………………………………… 96
   - データ分析 ……………………………………………………… 97
   - 計画・指示 ……………………………………………………… 99
   - 制御 ……………………………………………………………… 100
   - 実行 ……………………………………………………………… 102

## 第3章　2025年のIoT市場構造

1. IoT市場の勢力マップ ─ IoT市場の7つの主戦場 ………… 106
   - 技術サプライチェーンに見るIoT市場の勢力構造 ………… 106
   - 高度画像センシング …………………………………………… 107
   - 汎用センシング ………………………………………………… 111
   - 既存機器の標準ネットワーク ………………………………… 112

- 一体型市場 …………………………………… 113
- 汎用IoT通信 ………………………………… 114
- IoTプラットフォーム ………………………… 115
- インダストリー4.0 …………………………… 116

## 2. IoT市場での事業展開トレンド …………… 118
- ハードウェアを知り尽したGEのサービス …… 118
- 顧客とIoTサービスの共進化 ………………… 119
- 生産ラインを革新するIoT …………………… 120
- 価値の高い顧客サイドのIoT ………………… 121
- メーカーからビジネス支援サービサーへ …… 123
- 変わるリスク&リターンの構造 ……………… 124
- ハードウェアとシステムの相乗効果 ………… 125
- 市場を区分するIoT …………………………… 127
- B2B2C市場が主戦場に ……………………… 128
- 分野で変わる導入効果 ………………………… 129
- 寡占化するIT市場 …………………………… 131
- 制御不能の寡占が行き着く公共化 …………… 132
- デバイス市場でも進む寡占化 ………………… 134
- チャイニーズプラットフォーマー …………… 135
- 期待が高まるロボット市場 …………………… 137
- 日本企業を襲った二つの波 …………………… 138
- 狙いは汎用ロボット市場 ……………………… 140
- 中堅中小企業を成長させる汎用ロボット …… 141
- ロボットのアプリケーション&サービス …… 142
- 人材の再構成が生き残りの条件 ……………… 144

目　次

## 第4章　2025年に向けて取り組むべきこと

- ① 強い「T」を磨き出せ ………………………………………… 148
- ② IとTの提携を加速せよ ……………………………………… 150
- ③ B2B2Cの顧客を掴め ………………………………………… 152
- ④ 大樹に寄り添え ………………………………………………… 155
- ⑤ 戦略プランナーと顧客向けサービサーを育成せよ ………… 156
- ⑥ 社内の人材システムをゼロベースで再構築せよ …………… 159
- ⑦ IoT立国を宣言せよ …………………………………………… 160
- ⑧ IoTベンチャー市場を育成せよ ……………………………… 162
- ⑨ IoTの場づくりのために規制を再構築せよ ………………… 164
- ⑩ 公共市場をIoT化せよ ………………………………………… 166

第 1 章

# 広がるIoTの世界

# 1 AIの虚実とIoTのリアリティ

## 人間を超えるAI

　最近、人工知能（AI）への注目が著しい。新聞にAIが話題に上らない日は全くない。深層学習によって分析の仕組みが変わり、「分析装置：コンピュータ」の性能が大幅に進歩したことでコンピュータが計算、予測、判断できる領域が広がり続けている。囲碁や将棋ではAIがプロを破り、プロがAIで将棋の手を学習するようになり、AIをプロの勝負の場に持ち込むことはルール違反とされるようになった。囲碁や将棋では、既にAIが人間の能力を上回った、と言っていい。

　日常生活でも、庫内の食材の情報をデータベースにストックし、手持ちの食材で作れるメニューを提案してくれる冷蔵庫も誕生した。ICタグのコストが下がり、全ての食材の包装にICタグが装着されるようになると、冷蔵庫の中の食材のデータが一覧できるのは当たり前になる。そこで庫内の食材と色々なメニューを組み合わせて、作れる食事を提案するのはAIの得意とするところだ。こうなると、買った食材を効率的に使ったメニューを考えることについてはAIが人間を上回るようになるだろう。

　自動運転でも、自動駐車の機能を使うと、多くのドライバーが苦手とする縦列駐車もピタッとできる。自動駐車機能を使うと横に止めてある車や壁ギリギリまで攻めるので、乗っている方が冷や冷やするという。自動車の駐車については早晩AIが人間の能力を上回るようになる。

　ビジネスの現場でも、例えば、工場では、市場動向や取引先の動向、あるいは工場内での不良品やトラブルの発生確率などを勘案して、AIが最小の在庫の量を計算できるようになる。リーマンショックのような特別な経済状況が発生しない限り、AIの管理能力が人間を上回るようになる日も遠くない。

このように、AIが生活や仕事を革新するであろうケースはいくらでも想定できる。その意味でAIが世の中を大きく変えることは間違いない。しかし、AIが全てを変える訳ではない。

## AIの限界

　自動運転はAIの導入先として最も関心の高い分野だ。衝突防止のようなレベル1、複数の機能を同時操作できるレベル2の技術は一般車にも搭載されるようになった。それによって確実に事故が減り、技術の低い人でも自動車をストレスなく運転できるようになる。一方で、レベル3や制約条件の緩いレベル4、完全自動運転のレベル5の実現は、現時点で不可能とは言えないが、相当に難しいと考える人が増えている。ドイツのアウディがレベル3の技術を市場投入したが、特定の条件下での使用に限定されている。

　完全自動運転を実現しようと思うと困難なケースがいくらでも出てくる。カメラやレーダーの認識力は日進月歩だが、道路や建物の老朽化、物体、人間の格好、動物、等々を様々な天候の下で認識できるようになるのか、トロッコ問題のような状況でどのように判断をするのか、ルールを逸脱した自動車が走る中で流れに乗ることができるのか、赤信号で横断歩道を渡る歩行者をかわして左折することができるのか、等々だ。結局、完全自動運転車が走れるようになるためには、全ての自動車、歩行者が交通ルールに完全に従わざるを得ないようにするしかない。「犯罪が完全に無い世の中が来れば」、と念じるのと同じくらいの空論に聞こえる。世界中で実際の町に模した自動運転の実証試験場ができているが、どんなに精巧に作っても実証試験場は実際の町にはならない。

　食事については、ファミリーレストランのようなメニューを抽出し、料理してくれるようになるかもしれないが、一流の寿司屋やフランス料理屋、あるいはお母さんが心を込めた食事のように、人の心を動かすような食事がAIによって提供される日は来ない。こうした食事も色々な

条件を考え、処理を加えた結果ではあるのだが、好み、食材の状態、感触、見た目、料理の歴史や伝統、その日の天候や気持ち、等々、膨大な量の情報を踏まえ、微妙で繊細な技術によって作られる。作る人の主観や価値観、食べる人の想いも含まれ、それが食べる人に評価される。AIが入り込める領域ではない。

　企業経営も同じだ。ある環境下で在庫量や適切な投資額を設定するのにはAIが活躍するようになるだろうが、経営判断や重要な投資判断をAIが下すようにはならない。料理以上に様々な情報が取り込まれ、経営者の個性や経験が影響して下されるのが経営判断だからだ。それに、経営判断がAIで下せるようになるということは、予測可能になるということだから、市場がフェアに機能しなくなる。

## 判断者にはならないAI

　AIは今後も大きく進歩するだろうし、ビジネス、生活の様々な面を革新するであろうが、AIが人間に対して強みを発揮するのは、予め境界条件を定めることができる空間の中である。囲碁や将棋でAIがプロに勝ったのは、定められた盤の中で、ルールにしたがって駒が動かされるからである。天文学的な数の選択肢の中から適切な手を決めるために機械学習が威力を発揮するが、それは、今でもコンピュータが人間には到底できない数のケースの計算を瞬時にこなしてしまうことの延長である。

　一方、実際の社会は盤目が決まっている訳でもないし、全員がルールにしたがって動く訳でもない。予想外のケースが起こり得て、ルールを逸脱する人も罰則は課されるが一人の人格として認められ、ルールを逸脱したことによる損害等を吸収する仕組みが包含されて機能しているのが社会である。ビジネスの世界も交通の世界も程度の差はあれ、同じようなことが言える。それを全てAIがコントロールするということは、ルールの逸脱も、逸脱後の措置もAIが設定、処理するようになるか、

ルールの逸脱を認めない社会をAIがコントロールする、ということになる。どちらであっても、空恐ろしい世界だ。

例えば、企業経営者は判断を下すに当たって、可能な限りの情報を集め、社内の英知を集めて分析させるが、最終的な判断は主観を伴うものだ。部下から上がってきた情報の調整だけをしている経営者が名経営者と呼ばれることはない。企業経営において、AIは経営者が判断を下すための高性能の分析装置にはなるが、上述したように、判断者となることはない。

## バブルの様相、AI、再エネ、電気自動車

最近、AIブームに乗って、従来からの統計処理の延長と思える分析まで「AIを使って」と表現される情報が多い。ブームにあやかろうとする記事と揶揄することもできるが、AIも従来からの情報処理の延長にあるという冷めた見方と捉えることもできる。

筆者は、昨今の、AI、再生可能エネルギー、電気自動車の議論の盛り上がりには共通した点があると考えている。一つは、いずれも今後の社会、経済を占うに当たっての革新的な技術であることに間違いはないという点だ。そして、もう一つは、社会やあるシステム（例えば、自動車やエネルギー）の一部を構成するものであるにもかかわらず、全てを支配するように喧伝されていることだ。大きな可能性とバブルという虚実両面を含む時代のキーワードに共通する傾向である。その中で、できるだけ的確に革新技術の「実」を掴むため大切なのは、AIも再生可能エネルギーも電気自動車も、過去の技術の延長にあり不連続な発明が成された訳ではない、という見方を持つことだ。AIの可能性を的確に取り込めば事業やサービスを革新し成長を遂げることができるが、AIの限界を見誤った過剰な期待を持つと、事業やサービスの本質を見失うことにもなる。

## 制約されていたデータ解析

　虚実両面を持つAIに対して、確実な革新を期待できるのがIoT（Internet of Things）だ。IoTは本来センサリングを中心とした技術体系のことだが、最近ではセンサーから得られたデータを処理、分析して業務や事業を革新する一連の仕組みと解釈されるようになっている。本書では、こうした広い意味でのIoTの解釈を前提として話を進める。

　我々が携わっている仕事には、現場の状況を把握し、問題がある場合は解決策を検討し、現場に指示し、PDCAのサイクルを回す、という構造のものが多い。典型的なのは工場の管理だ。設備の管理担当者が工場を周って工場が正しく動いていることを確認し、多少の問題があれば調整し、調整で済まない場合は機器の更新などを計画する。電力のようなインフラの運営でも、発電設備、送配電設備が計画通りに動いているかどうかを確認するために多くの制御システムや人員が投入されている。そこで問題があれば、速やかに事態を分析して改善策を講じ、改善策が功を奏したことを確認して定常状態に戻る、というプロセスを繰り返す。また、こうした過程で得られたデータが蓄積された設備の履歴に基づいて修繕・更新計画を策定する。

　一連のプロセスで得られるデータは、デジタル化されたものもあれば人間の手によるアナログ的なものまで、現場の状況によって様々な形態に分かれる。収集するにしても、分析するにしても、データの形態が同じである方が便利に決まっているし、デジタル化した方が処理し易いに決まっているのに、様々な方法が取られてきたのは、同じ形態のデジタルデータを取ることができなかったからだ。例えば、コンクリートの劣化状況を目視や打撃に対する反応で確認する検査は、結果が個人の力量に左右される、と分かっていても、人件費より安いコストで同じくらいの信頼性のデータを取得する方法がなかった。また、高圧鉄塔の検査を目視で行うためには、練度の高い作業員による高所作業が必要になる。

危険が伴うし、コストもかかるのは分かっていても、他に信頼性のある方法がなかった。

## IoTブームを作ったセンサー革命

IoTへの注目が急速に高まったのは、今までデータの取得が難しかった場所の状況を、従来より大幅に低いコストで、デジタルデータ化できるようになったからだ。**図表1-1**に示すように、測定対象の特徴に応じて色々なタイプのセンサーが画期的なコストで手に入るようになった。中でも画像データが高精度かつ低コストで分析できるようになったこと

図表1-1　代表的なセンサーの特徴

| センサー名 | 測定項目 | 特徴 |
| --- | --- | --- |
| 画像センサー | 画像 | 素子の高集積化による小型化で価格低下し、スマートフォンへの搭載によって精度が飛躍的に向上。 |
| ミリ波レーダー | 距離 | 加工しやすいSiGe化によって価格が1/10以下に低下。今後もCMOS化によって価格低下が見込まれる。 |
| Lider | | MEMS[※1]化によって精密な動作が要求される稼働部がなくなり、価格が1/10以下に低減することが見込まれる。 |
| GPS | 位置 | SoC[※2]化によって価格が1/10程度に低下。今後、高集積化でさらなる低価格が見込まれる。 |
| 加速度センサー | 加速度 | MEMS[※1]化によって、部品の接合などの微細加工コストの削減と小型化によって材料コストの低減によって、著しく価格が低下。多くが1/10程度に低下。 |
| 超音波センサー | 距離 | |
| 圧力センサー | 圧力 | |
| 電力計 | 電力 | 制御用マイコンなどの小型化、コストダウンで価格が1/10程度に低下。 |
| 光学式脈拍計 | 血中ヘモグロビン | LEDと受光するフォトトランジスタを一体的に半導体上に形成することでコスト低下。 |
| 3Dスキャナ | 立体点群 | 3Dプリンタの設計図作成用に普及してコスト低下。 |

※1：MEMS／Micro Electro Mechanical Systemsの略。CMOS半導体の表面に立体的なパターンを形成し、歯車やモーターなどの可動部分を作り込む技術。
※2：SoC／System on a Chipの略。集積回路のプロセッサのコアのみならず、周辺機能、応用機能なども集積、連携してシステムとして機能するよう設計された集積回路。マイクロコントローラ（通称マイコン）などもSoCの一種。

が、データ解析の可能性を大幅に広げた。例えば、防犯やマーケティングの目的で人の動きをデジタルデータ化し、認証もできるようになった。機械化、自動化が相対的に遅れていた農業でも、農作物の生育状況などをデジタルデータ化できるようになった。これまで目隠し状態で手の触感や音で判断していた検査を目視で確認できるようになったようなものだ。画像データ解析を含むIoTが普及することでデータ解析は以下のように変革される。

・**あらゆる場所からデータを吸い上げることができる**
　あらゆるモノの状態をデータ解析できるようになる。
・**全てのデータがデジタル化される**

図表1-2　IoTの変革ステップ

| IoTの変革ステップ | | |
|---|---|---|
| あらゆる場所からデータを吸い上げることができる | → | あらゆるモノの状態をデータ解析できるようになる |
| 全てのデータがデジタル化される | → | 様々なデータを統合した解析が可能になる　解析コストが大幅に低下する |
| データ収集とデータ分析がシームレスになる | → | 高度な解析が可能になる |
| データと解析結果を蓄積できる | → | 継続的な改善がシステム化される |
| データ解析と設備等の操作がシームレスになる | → | 設備の制御ポイントを広げ、きめ細かい操作が可能になる |

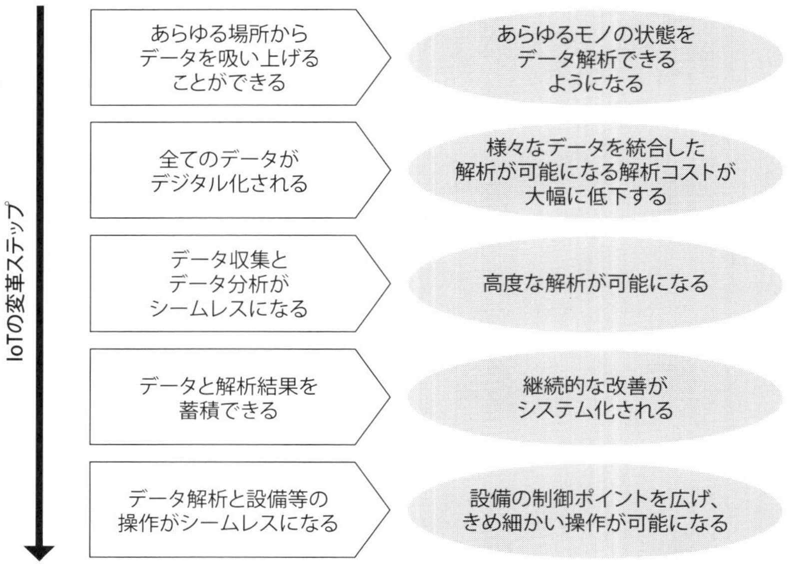

様々なデータを統合した解析が可能になる。解析コストが大幅に低下する。
・<u>データ収集とデータ分析がシームレスになる</u>
高度な解析が可能になる。
・<u>データと解析結果を蓄積できる</u>
継続的な改善がシステム化される。
・<u>データ解析と設備等の操作がシームレスになる</u>
設備の制御ポイントを広げ、きめ細かい操作が可能になる。（図表1-2）

## IoTに紐づくリアルなAI

　工場やプラントでは、個々の設備の制御装置からのデータに、音や振動、画像のデータを加え、データ履歴やライン間での比較を行い、個々の設備やプラント全体の稼働状況を評価できる。これまでベテランが感知してきた設備の状況も元を正せば、こうした複数のデータによる分析に行き着く。つまり、データ化できなかった情報を捉え、作業の精度や効率性を高めていたのがベテランだったと言える。IoTが導入されても、初めのうちは単なるデータの集まりに過ぎないが、作業員の知見や実績を反映して分析方法を考え、ベストプラクティスデータを作り上げていくと，将来ベテラン作業員の仕事を代替することも可能になる。工場内での加工では、かつて匠の技と言われた精密な仕上げや調整がコンピュータ制御の加工機械に代替されてきた。

　トンネルや鉄塔のような作業環境の厳しい現場での確認、検査も変わっていく。トンネルなら車両、鉄塔ならドローンに搭載したカメラで高精度の画像データを取得し、歪ゲージや加速度センサーで、振動や変位のデータを取得し、異常がないかを分析していけばインフラの状況を把握できるようになる。現状ではベテランの作業員の仕事の信頼性には敵わないが、分析を繰り返していけば、信頼性は確実に向上していく。

作業経験を重ねていくほど信頼性が向上していくのはIoTによる設備やインフラの維持管理の大きなメリットだ。ベテラン従業員による管理は日本の製造業の強みでもあったが、どんなに知識を定型化しても、人材の育成は常にゼロからだ。組織として知見を積み上げることはできるが、その分だけ手間がかかるようにもなる。また、最近のように人材不足が問題になると、技術レベルをどう維持するかが問題になる。

　上述したような、広い意味でのIoTには、データを分析して、問題点を抽出したり、作業指示を出したり、解決策を提示するためのAIが不可欠になる。こうしてIoTに紐づくAIには高い効果が期待できる。IoTはセンサーが貼り付けられるモノを対象とする分だけ、範囲が限定され、解析のロジックが明らかになるからだ。

## ライフサイクルコストを改善するIoT

　IoTはコスト低減にも貢献する。機械プラントを建設してから20年程度利用すると、概ね当初の建設費の二倍以上のコストがかかる。そして、建設が完了してからの維持管理は建設費に比べて人件費の占める割合が大きい。施設の維持管理にIoTのシステムを導入すると、日常の監視、管理、点検などの人工が激減する。また、中期的には蓄積されたデータを分析することで修繕・更新を効率化できるので、施設を維持するためのライフサイクルコストが大きく改善する。

　ただ、IoTの目標は顧客向けのビジネスの価値を高めることだ。次節でも紹介するが、世界で最も進んだIoTシステムの一つはGEのジェットエンジンのサービスパッケージだ。このサービスは、IoTを顧客のビジネスの中に埋め込むことによって、エンジンの効率的で安定した使い方を促し、顧客のビジネスの価値を高める。その上で、上述したように自社のビジネスをIoTで革新すれば、生産から顧客サービスまでつながるバリューチェーン全体の価値を高めることができる。そのベースにあるのは、自社の工場、顧客の事業といった対象を定め、各々に対して現

場の改善に資するIoTのアプリケーションを作り上げることに尽きる。

　IoTは一見制御とは関係のないような分野にも入り込んでいく。例えば、自治体では、これからどこでも高齢者対策が重要な政策テーマになるが、IoTによって、効率的でキメの細かい施策運営が可能になる。在宅中の高齢者の家電に作動状況を感知するセンサーを付ければ、見守り機能を確保することができる。さらに、電話に高感度のカメラを装着すれば、高齢者の表情などを捉えることもできる。介護サービスの多くは民間団体が担っているが、設備の自動制御やロボティクスで施設運営を効率化し、各種のセンサーを配置することでセキュリティ度を高めることもできる。地域内の官民のサービスのデータを融通し合えば、効率的で効果のある地域のサービスモデルを作り上げることができる。

　自治体全体としても、やっていることは、地域としての大きな方向性を決め、大きな方向性を実現するために分野ごとの施策を定め、分野ごとの施策を実行し、実行状況を確認し、必要な場合は対策を講じ、最上流の政策を評価し、改善策を次の政策に反映する、というPDCAサイクルだ。各々の政策分野にIoTを導入して、PDCAサイクルを効果的に回すことができれば、財政負担を減らすこともできるし、顧客である地域住民の満足度も上がる。

　官民を問わず、IoTのシステムを導入して、効率化や付加価値向上の成果が期待できない機関は殆どないと言っていい。あらゆる事業が、現場の状況を確認して、施策を講じ、実行を指示・管理する、というプロセスを内包しているからだ。その分だけ、分野を問わないIoTの巨大な市場が広がっている。そこで成功するかしないかで個々の企業の成長性も市場構造も大きく変わるはずだ。そうした市場の動向を把握するために、次節では様々な分野でIoTがどのように実装されているかを見てみよう。

# 2 あらゆる分野に広がるIoTの世界

## 自動車

### 1）急速に商品化が進む高度制御と自動運転技術

　自動運転技術が市場投入されたことで、近年、自動車の運転性能が飛躍的に高まっている。高度に制御された運転技術は交通事故を減らし、運転の不安や渋滞の負担を軽減することができる。自動車市場の巨大さもあって、自動運転は最も期待の高いIoTの利用先となっている。

　レベル1に該当する自動運転技術は、軽自動車にも標準装備されるようになった。これまでは燃費などコスト面の価値が訴求されることが多かったが、自動運転技術の市場投入によって、先進技術に支えられた安全性が新しい価値として認められつつある。（図表1-3）

　日本では、2010年富士重工の「レガシィ」に始めて自動ブレーキ「アイサイトver2」が搭載され、欧米では、2011年にボルボのS60セダンにモービルアイの画像利用運転制御プロセッサEyeQ2が搭載された。現在では、自動ブレーキを搭載した車両の追突事故が50％以上低減するなどの実績が評価されて保険料が下がり、利用者もメリットが実感できるようになった。

　2015年末になると、自動車各社は前年にグーグルが発表したGoogle Carに刺激され、レベル2の技術を市場投入した。日産は、2016年8月にプロパイロットシステムを搭載したセレナの販売を開始し、発売一ヶ月で2万台を超える受注を上げるベストセラーとなった。セレナのオーナーの7割は20万円程度のオプション価格を払ってプロパイロットシステムを搭載した。レベル1の自動ブレーキが10万円程度であったことを考えると、リーズナブルな価格に見えたこともヒットの要因である。

　次のステップとなるレベル3は、アウディが2018年に他社に先駆けて

図表1-3　自動運転のレベル

| 自動運転レベル | 自動化の内容 | 開発技術 |
|---|---|---|
| レベル1 | ・車両の自動化システムが、人間の運転者をときどき支援し、いくつかの運転タスクを実施することができる。 | ・自動ブレーキ（アイサイト等） |
| レベル2 | ・車両の自動化システムが、いくつかの運転タスクを事実上実施することができる一方、人間の運転者は、運転環境を監視し、また、残りの部分の運転タスクを実施し続けることになる。 | ・アクティブクルーズ（MobilEye EQ、プロパイロット等）<br>・オートパイロット（テスラ） |
| レベル3 | ・自動化システムは、いくつかの運転タスクを事実上実施するとともに、運転環境をある場合に監視する一方、人間の運転者は、自動化システムが要請した場合に、制御を取り戻す準備をしておかなければならない。 | ・エンハンスト オートパイロット（テスラ）<br>・AIトラフィックジャムパイロット（アウディ）等 |
| レベル4 | ・自動化システムは、運転タスクを実施し、運転環境を監視することができる。人間は、制御を取り戻す必要はないが、自動化システムは、ある環境・条件下のみで運航することができる。 | （開発段階：アウディ、グーグル等） |
| レベル5 | ・自動化システムは、人間の運転者が運転できる全ての条件下において、全ての運転タスクを実施することができる。 | ― |

※米国SAE（Society of Automotive Engineers）の定義
（http://www.kantei.go.jp/jp/singi/it2/senmon_bunka/detakatsuyokiban/dorokotsu_dai1/siryou3.pdfをもとに日本総研が作成）

高速道路向けに導入する。一定の条件下で完全自動運転を実現するレベル4は、人が運転しないためレベル3に比べて難しいとされるが実現も間近だ。2021年には、フォード、BMW、ボルボ、北汽グループなどが商品化することを表明している。台風の目となるのは中国だ。北汽グループは中国百度と提携し、百度が2017年に組成したApollo自動運転プログラムを用いて、自動運転のオープンプラットフォームの構築を狙う。このプログラムの開発には、フォード、ダイムラーなどの自動車会社、ボッシュ、コンチネンタル、デルファイ、パイオニアなどの部品メーカー、エヌビディア、マイクロソフトなどのIT大手を含む90社程

度が参加している。2018年1月には、オンセミコンダクターの画像センサーを採用することを決めたことが報じられているが、こうした場で選定されればシェアを急拡大することもあり得る。画像センサーでリードするソニーは要注目だ。中国は、強い政策的な指導力で、自動運転を前提とした都市開発をすることができる。自動運転市場でも中国の動きにどのようについていくかが課題になりそうだ。

## 2）進化が止まらないセンサー・画像処理・学習技術

　自動運転には周辺状況の正確な認識が必要だ。一般に、前方の認識には、画像センサーを用いる技術とレーダーで障害物の位置を把握する技術が使われている。画像センサーを用いる場合、距離が遠くなるとセンサーの精度が低下する。レーダーは長距離の認識が得意だが、標識の文字は認識できず、対象物が看板か道路標識かも分からない。このように技術には一長一短があり、使用ケースに応じた適切な組み合わせが必要だ。

　アイサイトもEyeQ2も画像センサーを用いたシステムである。いずれも2000年代末からの半導体加工技術の発達によってLSIの高集積化、SoC（System on a Chip）の高度化が進み、コストが急速に低下した。画像センサー大手のソニーは、2016年から17年に、画像の集積度を従来の6倍、4Kに迫る742万画素まで高めた技術を発表した。これにより、160m先まで標識を認識できるようになり、長距離での利用という画像センサーの課題が解決されつつある。

　レーダー技術にはミリ波レーダー、LiDARなどがある。ミリ波レーダーは、2009年頃、加工しやすいSiGeの導入、という技術革新により送受信機能のICの価格が50万円程度から1.5万円程度まで下がり、5年程度で主要メーカーに普及した。2017年2月には、アナログデバイセズによってSiGeをより安価なSiで代替する技術が開発されて、MEMSセンサー、レーダー機能、センサー情報の処理機能をCMOSに集約できる

ようになり、さらなるコスト低下が期待されている。

　LiDARは、電波よりも高い精度で車両周辺の物体との距離を測ったり、形状を認識したりすることができるレーザー・レーダーだ。現状では、百万円台のものが多く、センサーの中で最も高価で、普及には低コスト化が不可欠となっている。レベル3以上の技術を導入するには、市街地など障害物が多い環境下で、数cmの精度で自動車を制御しなくてはならない。そのためには、周辺の物体と三次元マップを照合して、1秒間に数一回の頻度で、高い精度で自動車の位置を把握し、障害を回避する経路を算定する技術が必要になる。

　従来のLiDARは、回転する鏡でレーザーを周辺に散乱させているため、駆動部の精度を確保するための装置が必要となり高価格となった。これについては、半導体の加工技術を使ってICチップ上にセンサーを埋め込むMEMSを用いることで駆動部を無くす技術が開発されている。MEMSの利用が上手くいけば、LiDARの価格は2018年に現状の十分の一、2022年にはさらに数分の一まで下がることが期待できる。パイオニアは、2022年頃には一万円以下にするための開発を進めている。

　こうして得られた画像等の情報を用いて、対象物を認識する車載AIの最大手がエヌビディアである。エヌビディアのAIは、画像認識のみならず、適切な運転方法を学習できることが特長である。2018年に市場投入されるアウディ、テスラ、トヨタ、ボッシュなどの自動運転車への採用が決まっている。

　アウディは、レベル3の商品化に当たって、モービルアイの画像認識プロセッサと、自動運転制御の情報を機械学習で処理するエヌビディアのプロセッサの両方を用いている。学習済みの画像認識プロセッサを用いるモービルアイと、運転中に追加学習を行うエヌビディアの技術が搭載する様は、動くサーバーというよりも、スーパーコンピュータを搭載した自動車と言える。LiDAR1台、ミリ波レーダー5台、画像センサー5台、超音波センサー12個を搭載し、多数のセンサーからの情報を瞬時に

図表1-4 センサーの価格低下と性能向上の動向

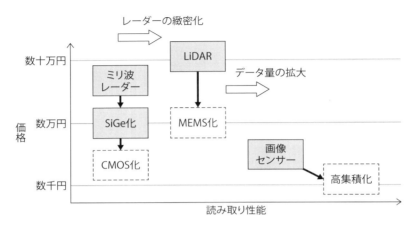

処理するため、現時点では相当に高コストだが、いずれも急速にコストダウンが進んでいる技術であるため、近い将来普及する可能性は十分ある。（**図表1-4**）

## 3）エリアを限定してレベル4に進化

アウディは、欧州で2019年、アジアでは2020年に高速道路限定のレベル4の技術を導入するとしている。現状、レベル4には二つの導入の方向性が考えられている。

一つは、高速道路のような歩行者等がいない空間で高度な制御を行う方法だ。そのためには、緊急停止、白線内の自動走行、周囲の状況を認識して適切に車線を変更するための認識・判断・制御技術が必要になる。車両側の責任が高くなる分、高い制御機能が求められる。アウディは、エヌビディアの認識・判断・制御を一体化したシステムを採用したことで、実現のめどをつけた。

もう一つの方向性は、市街地などで遠隔監視を行うモデルだ。ZMP

は2020年の東京オリンピックに向け、お台場で無人タクシーの実証を進めている。遠隔監視のもと、特定の地域内の定ルートで自動走行する方法も考えられる。2017年にNTTドコモ、日本総研らは神戸市で自動運転技術を使った市街地定ルートのサービス実証を始めた。こうしたサービスでは乗車する人だけでなく、地域住民が受け入れてくれるかどうかが普及の鍵を握る。

## 4）IoT化による自動車分野の方向性

　自動運転技術がどんなに普及しても、全ての自動車が自動運転で管理される時代は来ないだろう。しかし、センサーとデータ処理のSoCのコスト低下の速度、業界関係者の取り組み状況から考慮して、エリア限定のレベル3までの技術は、5年後にはほとんどの自動車に装備されるようになると予想される。これにより、追突事故は激減し、多数の車両による画像モニタリングによって道路や交通に関わるトラブルが低減し、群制御で車の流れが滑らかになり、渋滞も緩和する。

　高齢化や人口減少などで移動が困難になる地域ではエリア限定のレベル4の導入が進むだろう。また、海外で実施されているような工場や事業所内などの限定されたエリア内のレベル4も導入が進むだろう。一方で、不特定多数を対象とした自動運転技術の普及や自動車の外部との接続性の向上により、公共交通機関の利便性が高まり、自家用車が不要なエリアが広がるという、自動車業界にとって副作用とも言える状況も顕在化していくだろう。

# 農　業

## 1）自動運転農機、ドローン等の農業ロボットを使ったスマート農業の始まり

　農業では、自動運転農機やドローンを含む各種のロボット、フィールドサーバーや植物工場を含む環境制御システム、によるスマート化が進んでいる。スマート農業は、将来の農業の担い手不足を補い、美味しく信頼性が高い農作物の生産に寄与することから、次世代農業の担い手として期待されている。

　農業用のドローンや自動運転トラクターに使われるIoTで先行しているのが、クボタのKSASとオプティムのアグリドローンを用いたIoTプラットフォームだ。（**図表1-5**）

　クボタは、2014年に農機からのデータと農家の作業記録管理を一体化させたKSAS（クボタスマートアグリシステム）を開発した。KSASを使うと、コンバインで稲を刈り取った時の車両の稼働データ、収穫量、収穫物のタンパク質含有量や水分量データを収集し、肥料の使用量や乾燥機の動作などを調整することができる。2017年6月には、KSASを搭載した自動運転トラクター「アグリロボトラクタ」の試験販売を開始した。自動運転トラクターから情報管理プラットフォームまでを一体化してユーザーを囲い込むことができるIoT時代の商品パッケージの始動だ。

　オプティムは、IoTのビッグデータプラットフォームを提供する企業である。同社のプラットフォームサービスには三つの機能がある。ドローンに設置したマルチスペクトルカメラで空撮した画像情報から、植物の生育状態や栄養状態分布を把握し適切な施肥管理支援を行う機能、ドローンが収集した画像情報を分析して害虫を発見しスポットで農薬を散布できる機能、KSAS同様、農家の作業記録を管理する機能、である。KSASと同じように、データ収集から農作業支援を一体的にサポートす

2 あらゆる分野に広がるIoTの世界

図表1-5　クボタスマートアグリシステム（KSAS）

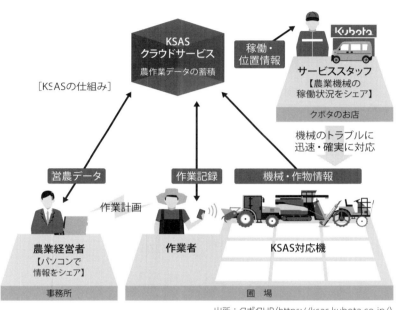

出所：クボタHP（https://ksas.kubota.co.jp/）

るパッケージ型の商品だ。

## 2）農機の自動化を加速するセンサー・情報処理技術

　自動運転トラクターやドローンを使ったシステムの開発が急速に進んだ背景には、センサーとデータ分析技術の革新がある。例えば、自動運転トラクターでは、一般のGPSの精度が10m程度しかないのに対し、基地局を用いたRTK-GPS（Real Time Kinematics GPS）を用いることで、数cmの精度で自身の位置を立体的に把握できる。これにより、ロボットが圃場の畝などを考慮した緻密な作業をできるようになった。RTK-GPSは20年以上前からある技術だが、2、3年前までは100万円程

度と高額だった。それがLSIの高集積化が進んだことで、この1年で価格が10の1まで下がった。高集積のLSIを使ったワンチップ化によるRTK-GPSのコストダウンに成功した企業にはユーブロックス、マゼランなどがある。

　センサーやデータ処理の技術と並行して、米国のGPS、ロシアのグロナス、EUのガリレオ、中国のバイドゥなどの衛星を利用した位置検出技術、マルチGNSSのコストが急速に低下している。日本では準天頂衛星「みちびき」の信号を組み合わせることができるので、基地局なしで数cm程度の精度を確保できる。マルチGNSSの価格を下げたのは高度集積技術によるワンチップ化の技術だ。商品化も進んでおり、アメリカのブロードコムは、スマートフォン向けのマルチGNSSを2018年に市場投入すると発表している。日本ではマゼランが、2019年にロボットトラクター、ドローンなどに使える1万円台のマルチGNSSを商品化する予定だ。

　ドローンが農業に利用されるようになった最大の理由は、画像センシングの急激な進歩だ。農業ドローンの画像センシングには、農家に代わって農場を監視する機能と、農産物の生育状態や害虫の発生状況などのデータを取得する機能がある。農場監視を行うには、RGBカメラによる高精度の画像データを取得する必要がある。画像センサーの性能向上とコストダウンが急速に進んだことでこうしたデバイスをドローンに搭載できるようになった。

　生育状態のデータを取得するためには、農業専用のマルチスペクトルカメラの小型軽量化と、カメラから得られたデータを合成処理する技術が必要となる。これについては、開発が始まって間もないこともあり、価格は50万円程度とコストダウンは道半ばだ。画像情報の合成・処理はワンチップ化によるコストダウンが容易だから、市場の拡大が見込めれば、近い将来10分の1程度までコストダウンが進む可能性がある。

　一方、農場で実際にロボットを稼働するには障害物や人への衝突を防

止するための自動運転技術が不可欠だ。現時点でも近接センサーによる障害物検知とブレーキ操作の機能が搭載されているが、自動車の自動運転に比べると、認識・判断・制御機能は簡易なレベルに留まっている。

　これは、農機の自動化が遅れているというより、農機と自動車で制御の力点が異なることが原因だ。農機の自動制御は、圃場内の柔らかい土の上、いわゆる「悪路」を安定して直進することを目的に開発されている。路面が安定している自動車に比べると、そもそもまっすぐ走らせること自体が難しいのだ。

　例えば、設定した軌道上をまっすぐに走行していても、「悪路」の影響で車体が横揺れすればGPSのアンテナが横揺れし、コンピュータが軌道をそれたと判断し、操舵を補正し蛇行してしまう。そこで、GPSアンテナが数十cm程度揺れた場合には、農機の姿勢を検出してから操舵を補正する制御が組み込まれた。これにより初心者でも簡単に自動運転農機を操作できるようになった。

　ただし、全般的に見ると、世界中の大企業が技術開発を競う自動車分野に比べて農機の制御システムの開発が遅れていることは否めない。逆に言うと、先行して確立された自動車制御の技術を取り込めば効率的に農機の自動運転の性能を向上することができる。

## 3）農業コボットで実現するIoT農業

　施設園芸ではセンサーを駆使した栽培の管理が進んできたが、露地栽培では計測環境が安定しないため、温度や湿度等の一部のデータを計測するに留まってきた。このため、生産量や品質と相関のある作業履歴などの栽培データは殆ど収集されていない。マニュアルで入力されたデータはあるが、日単位、圃場単位であるため精密な栽培管理はできないし、誤差や抜けが伴う。

　こうした現状に対し、日本総研は慶応大学や民間企業と協力して、2017年11月に、安価な汎用品で構成され日常的なデータ収集と作業支

図表1-6　次世代農業ロボット「DONKEY」

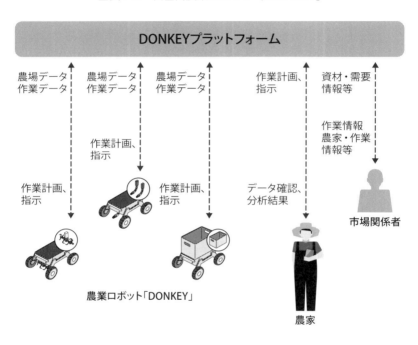

　援ができる、ロボット「DONKEY」の開発プロジェクトを立ち上げた。将来的にはオープンなプラットフォームを構築し、日常の作業に広く活用できるデータを提供し、農家の作業負荷軽減や収益の向上を支援することを目指す。こうしたシステムが開発されれば、露地でも植物工場に近いレベルのデータ農業が可能になる。(**図表1-6**)

## 4) IoT化による農業分野の方向性

　従来、農業における緻密な制御は施設園芸で発達してきた。しかし、施設園芸で生産できる品種は限られる。IoTを導入すれば、露地栽培で

も気温や湿度、天候などの環境情報のみならず、圃場状態、作物の状態、農家の作業履歴等の緻密なデータが自動的に計測され、栽培履歴と収穫物との関係を蓄積しデータに基づく育成管理ができるようになる。こうなると、露地栽培の生産効率性、予測性が高まり、品質が安定し、農業生産の信頼性が高まる。

　今後、多数農業ロボットが登場する。上手く利用すれば、扱える圃場の数が増え、作業負担が減り、収入の予測性が高まり、農業の魅力が増すはずだ。その上で、WEBを駆使した流通事業者などとのアライアンスが進めば農家と流通業、さらには消費者との関係は大きく変わる。農作業管理を主眼としていた農家の経営は、市場とリアルタイムで情報をやり取りして需給を調整し、収益向上を目指せるビジネスへと変貌していくだろう。

# 建　設

## 1) コマツが示した新たな建機事業のプラットフォーム

　建設分野では、コマツが自動運転技術を活用したIoTプラットフォームで先行している。

　コマツは、1990年代末に遠隔操作で建設機械の稼働を管理する「KOMTRAX」を開発し、2001年に市場投入を開始した。「KOMTRAX」から得られたデータは、車両の稼働管理、燃料効率改善、予防メンテナンス、さらには建設事業者の信用力評価、建設市場の動向予測など様々な目的で利用されるようになった。それだけ「KOMTRAX」が有用なデータを取得できるシステムであった訳だが、IoTのデータが幅広い付加価値につながることを示した事実でもある。「KOMTRAX」が顧客の囲い込みにも貢献したことを見て、多くの企業がIoTによるデータ管理サービスを目指すようになった。（図表1-7）

　コマツは2008年に、初期段階の自動運転技術を使った無人ダンプを開発した。さらに、2013年、ブレードを制御することで精度の高い掘削や整地を行える全自動のブルドーザーを開発した。土の質に応じてシャベルの角度を変えるなど高度なノウハウが求められるブルドーザーの作業を全自動化することで、作業者の能力に依存しない建設現場の運営が可能になる。

　KOMTRAXは建設機械のデータを収集・分析するプラットフォームだが、2015年には、現場情報を管理するクラウドプラットフォーム「KomConnect」を開発し、情報蓄積・解析の機能が一層強化された。

　一方、コマツの無人ダンプの自動運転技術は、鉱山のような閉鎖された現場向けであるため効果が限定的、という課題がある。実際、発売から10年が経過した現在でも80台程度しか稼働していない。こうした背景から、コマツは、2015年に乗用車の自動運転で実績のあるZMPに投

図表1-7　コマツのIoTプラットフォームシステム

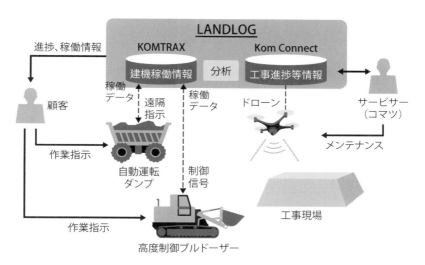

資し、自動走行の安全性の向上と自動運転技術の適用範囲の拡大を図っている。自動運転技術の進歩を先取りして革新を続けるコマツは業界のトップを走り続けている。

## 2）技術革新で進む建設作業のデータ分析

　建設業界では、近年ドローンが様々な現場で利用されるようになっている。国土交通省では、2015年から「i-Construction」と銘打ち、一品モノとされてきた建設現場をIoTにより工場の生産ラインのように整然と運営するための改革に取り組んでいる。

　土木建設現場の整然とした運営には、現場施工の見える化を進め予測可能性を高めなくてはいけない。そのためには、ドローンを用いた空撮による土量や工事の進捗状況の把握、現場の安全管理やそのためのリスクの見える化、天候等の予測、などが有効だ。

こうした情報をデータ化するために必要となるのは、3Dレーザースキャンを使って土地や建物の状況を高精度にデジタル化する技術である。3Dレーザースキャンを搭載したドローンで建設用地の構造や土量を遂次計測することで、工事進捗をデータ化することができる。そうしたデータに天候の情報を重ねあわせれば、将来の作業への影響を予測し体制面の準備を進めることができる。

　掘削工事でも、ドローンに搭載した3Dスキャンのデータを用いて、毎日どれだけ掘削したか、結果としてどれだけの土量が搬出されたか、を算出し工事進捗を正確に把握できる。建築中の建物であれば、日々の進捗状況を常時3Dデータで把握できるため設計変更への対応も容易だ。

　ここで用いられる3Dレーザースキャンの進化も著しい。近距離向けの3Dスキャナーは、3Dプリンター用データの生成用として数年前まで100万円以上していたが、最近は1～3万円まで値下がりしている。スマートフォンと連携して利用するなど、汎用用途が広がってきたからだ。建設現場の中距離向けの3Dスキャナーは、現状数十万円程度の製品が主流だが、トプコンなどが分解能の高い製品を増やしたことで、土量計算や3D設計図面の自動生成などの機能が充実してきた。

　コマツは、こうした建設現場のデータ収集・活用のための商品が拡大してきた機会を捉え、システムの革新を開始した。プラットフォームの自社運営を止め、2017年10月にNTTドコモ、SAPジャパン、オプティムとともにオープンプラットフォームを運営する「ランドログ」を立ち上げたのだ。これにより、独自で築いてきたサービスを広い分野で活用できるようになった上、新たに収集されるデータを使ったサービスを提供することもできるようになった。

## 3）データ活用で建設業務の改善が進む

　コマツが先行したことで、建機分野では早くから現場のデータを自動的に吸い上げ、現場管理に活かすとともに、市場予測、作業改善などに

展開する動きが出来た。無人ダンプなど建機の管理ではコマツに追随する企業も出ている。

　ただし、ドローンなどを活用した建設現場のIoT管理は始まったばかりだ。センサーなどの性能やコストが改善されれば用途は一層広がるだろう。こうした技術は、自動車の自動運転に利用されている技術と同様、SoC化技術によって大幅な改善が期待されるから、建設現場の自動化が進むことは間違いない。

　先述したように、国主導で制度面の改善も進んでいる。建設工事では、年度末に仕事が集中するため設備などの年間稼働率が低くなっていた。これではせっかく導入したシステムの稼働率が上がらない。こうした業界の慣習を改善するために、国や自治体は公共工事の納期の分散化を進め、工事量の平準化による効率化とコストダウンに取り組んでいる。また、2017年には、ドローンを用いた三次元測量手法の基準やマニュアルが整備され、公共工事でも利用できるようになった。2018年には一人当たりの生産性50％向上を目指して、先進技術の導入と制度改革が本格的に進む見通しである。

## 4）IoT化による建設分野の方向性

　建設機械、特に土木工事向けのロボット開発はますます進んでいく。鉱山などの人の出入りのない大きな現場では、自動運転が普及していくと予想される。現時点で普及が進んでいないのは自動運転技術の信頼性の問題によるものだから、自動車の自動運転と同様の状況にあると言える。自動運転ダンプが一般のダンプとすれ違う時に止まるようにするなど、効率を犠牲にし、安全性に配慮しているのが現状だ。しかし、近い将来、世界中のどこかで無人運転車両を中心とした現場を立ち上げる事業者が出てくると予想される。問題はその口火を誰が切るかだ。先行した現場で、安全性と効率性が実証されれば、競争原理によって、急速に自動運転を前提とした現場管理と自動運転ダンプが普及していくことに

なる。

　ビル建設などへのIoTの導入も進む。こちらは、ロボットだけでなく、ビルの躯体のブロックを工場でレディーメイドするなど、設計面の改革の比重が高くなるだろう。こうした工法は、安全性、信頼性、経済性などを評価しながら試行錯誤を経て確立されていくから、当面は人手に頼った工法と併用する期間が必要になる。そこで求められるのは、熟練技術者の動作をマスターしたブルドーザーではなく、作業支援などの汎用的な作業を担うロボットになるはずだ。農業分野でも汎用作業支援ロボットを紹介したように、標準化されたシステムが分野横断的に普及することも想定される。

# インフラ

## 1）老朽化対策ニーズ高まるインフラ分野

　橋やトンネル、水道などのインフラは情報化が遅れていた分野である。しかし、近年、安価なセンサーや計測装置が登場したことで、インフラの管理運営が大きく変わる可能性が出てきた。

　日本だけでなく先進国では、インフラの老朽化が進み、適切な維持管理ができていないことが社会問題化している。現状のインフラを維持するだけでも今後莫大な費用が必要になる。財源不足に加え、インフラの維持管理のための点検整備などの人材不足も顕著となり、問題が深刻化しつつある。こうしてIoTによる効率的な維持管理システムへの期待が高まっている。

　代表例の一つがトンネルである。2012年の中央自動車道笹子トンネルでの天井板の落下事故でインフラの老朽化が全国的に注目された。安全だと信じられてきた日本のインフラの事故は大きな衝撃を与えた。従来は、可動式作業ブーム（人が乗る作業台）を搭載した専用車両に乗って、作業者がトンネルの天井や壁面の剥離や亀裂を目視で発見するという方法が取られてきた。多数の作業者が必要な上、熟練の技能にインフラの信用が依存せざるを得ない。これに対して、2017年11月、三菱電機は3Dレーザースキャナー技術を用いた高速計測診断技術を使い、高速道路を走るだけで幅0.3mmの亀裂を発見できる計測サービスの導入を始めた。

　二つ目の例が橋である。日本の橋の多くは高度成長期に建設され、現在、30％程度が耐用年数とされる50年に達しており、10年後の2028年にはその比率が50％を超える。安全に使用し続けるには修繕や建て替えが急務となっている。一方で、橋の劣化は通過した車両の数や積載量の多寡によって異なるため、年数が経過したら一律に建て替えることは非

図表1-8　橋のモニタリングシステムの概念図

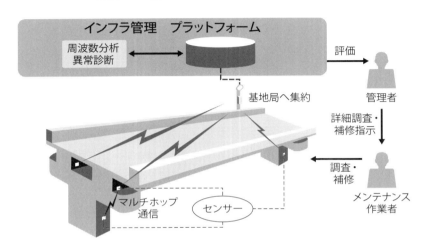

効率である。そこで、様々な計測技術を用いて、個々の橋の現状を診断するシステムが開発されている。現在、橋に多数のセンサーを設置して伸縮、振動を計測、データ分析することで亀裂の場所を特定、亀裂の場所を特定した後にドローンで撮影して実際の亀裂状況を確認し改善方法を検討するシステムが開発され、筑波技術大学などを中心に実証試験が進められている。

　こうしたシステムが普及すれば、点検等に関する要員が大幅に減る上、補修する場所を特定して修繕を行うことができるため、インフラの補修・更新コストが大幅に削減される。また、実質的な耐用年数を伸ばすことも可能になる。（**図表1-8**）

## 2）人材不足の切り札となる自動計測・通信技術

　老朽化したインフラの診断には大きく分けて2通りの方法がある。
　一つは、トンネルの例のように、センサーを積んだ車両やドローンを

用いて非接触で画像データを取得する方法である。三菱電機の3Dレーザースキャナー技術を搭載した検査車両は、通常の速度で高速道路を走りながら毎秒100万点の映像を撮ることができる高密度レーザースキャナー2台と、自動焦点機能を備えた8K（縦8192×横256画素）の高解像度ラインカメラによって点群データを取得する。計測後、点群データを分析し微細なひびでも自動検出することができるという仕組みだ。危険な作業を伴うこともなく、昼夜を問わず、交通規制を行うこともなく効率的な計測が可能となった。画像センサーと3Dスキャナー技術は精度向上とコスト低下が進んでいるから、サービスのコストと信頼性は今後も継続的に改善するはずだ。

　もう一つは、加速度センサーなど接触型のセンサーを用いる方法である。筑波技術大学、国立情報学研究所、北海道大学、長岡技術科学大学が共同開発するのは、接触式の無線加速度センサー等を多数設置して伸縮、振動、亀裂の変位などの関係を分析し、ひびなどの場所を特定するシステム（センサーフュージョン）だ。例えば、鉄筋が損耗した場合には、振動数がばらつく傾向を検知し、劣化状態を診断できる。

　こうしたシステムでは、橋などに多数のセンサーを設置するため、センサーからのデータをいかに継続的に集約するかが課題となる。多数のセンサー全てにデータ転送用の電力を供給するための配線を設けることは現実的ではない。

　現在、この分野で技術開発が進んでいるのが、センサーに5年程度使用可能な電池を搭載して低速度通信を行う方法である。こちらも二つの方法がある。

　一つ目は、LoRaWAN（Long Range Wide Area Network）などのLPWA（Low Power Wide Aria：低速広域通信技術）を利用する方法である。LoRaWANは廉価な広域通信を行う通信技術として、今後コストが低下していくと考えられている。

　もう一つが、センサー同士が相互に通信し合い、最終的に1台の有線

アクセスポイントにデータを集約し、データ転送を行うマルチホップ通信方式である。低消費電力で低容量のデータ転送を行う方式に加え、容量の大きな画像情報を扱うマルチホップ方式も登場し、複数の画像センサーの情報を無線でやり取りできるようになってきた。

欧米では、2012年にSigfox、LoRaなど免許不要帯域を用いた独自の通信技術が導入され、2015年にLPWA市場が急拡大した。これに対して、大手携帯電話事業者は、免許帯域でのセルラーLPWAサービスを開始している。国内では、だいぶ遅れて2017年にLPWAが導入され、2018年にはようやくセルラーLPWAサービスが始まる予定だ。

### 3）導入始まる精密測定技術、実証が続く分散無線センサー技術

3Dレーザースキャナーによるトンネルなどの精密測定技術は、今後サービスとして着実に普及していくと予想される。一方で橋等を対象とした無線センサー方式は計測データの収集・分析が始まった段階であり、しばらく実証を要しそうである。公共分野が主な適用分野であるだけに、実証試験を経て、どのような橋にどの程度の間隔でセンサーを設置すればいいか、などの知見を蓄積し、改修工事のガイドラインなどを定める必要があるだろう。

通信基盤となるLPWAは技術的な条件が整っており、2018年からサービスが始まる。大規模な実証を早めるなどして、橋の類型、損耗の状況、を踏まえた知見の蓄積を進め通信基盤整備のスピードに追いつける取組みが期待される。

このように分野によって差はあるが、対象物の状況を高精度で計測できるレーザースキャン等のセンサー技術が急速に進歩したこと、多数のセンサーのデータを安価に転送できる通信技術の開発と制度改定がこの1，2年で急速に進んだことで、IoTを用いたインフラの管理システムは普及の準備が整いつつある。

## 4）IoT化によるインフラ分野の方向性

　全てのインフラは精巧な図面に基づいて建造されているので、構造的に複数点のモニタリングを行えば、全体の劣化状態を把握することができる。今後課題になるのは、通信手段、エネルギーの確保、多数のセンサー設置の手間だ。

　上述したように、通信とエネルギーについては、技術進化によって間もなく解決する見込みだ。一方、センサーの設置に関しては、定期メンテナンスなどを通じて順次進め、今後10年程度で概ね普及する、というプロセスが現実的だ。多少時間はかかるが、こうしてデータ蓄積の条件が整い、公的なインフラ管理の標準化とマニュアルの整備が進めば、インフラの管理の効率は大きく改善され、現実に即した耐用年数の見直しも可能になるだろう。法定耐用年数は車両通行量やメンテナンスの良否で変化するため、インフラの利用頻度が低い地方部では、公共財政を圧迫する維持管理費の削減にも貢献できる可能性もある。

　このように、IoTによるインフラ管理は、現状と耐久性の診断という守りの目的だけでなく、適切なメンテナンスを前提とした耐用年数の見直しによる財政負担の軽減という攻めの目的にも活用できる。日本の財政状況を考えると、橋やトンネルのみならず、上下水道、ダム、港湾施設などでもIoTの導入ニーズは大きいはずだ。

# 不動産

## 1）普及するスマートハウス・スマートマンション

　不動産分野では、スマートハウス、スマートマンションと呼ばれる施設のスマート化が進んでいる。

　スマートハウスは、2011年の震災以降、エネルギー・セキュリティなどの災害対応のニーズが高まったことで普及が加速した。再生可能エネルギーの固定価格買取制度の追い風も吹いた。太陽光発電の導入量が増えて住宅のエネルギー機能が大幅に強化されたことに加えて躯体の質が高いため、一般の住宅に比べて2、3割割高だが、信頼性の高い住宅に住みたいというニーズの掘り起こしに成功し市場が拡大した。大手住宅メーカーはスマートハウスに事業をシフトしており、積水ハウスは新築住宅に占めるスマートハウスの比率が85％以上、ダイワハウスは40％以上となっている。

　スマートハウスでは、太陽光発電などの稼働状況と住宅の消費電力量をモニタリングするHEMS（Home Energy Management System）が装備されている。また、最新の業務用ビルなどでは各種の設備の制御に加え、照明を制御しブラインドの開け閉め、通気の量などを調整して室内の快適度、照度、室内監視、施錠や防犯などを管理するBEMS（Building Energy Management System）が設置されている。

　最近では、センサー価格の低下とクラウドサービスの普及によってBEMS並みの制御機能が住宅にも採用されるようになった。これまでエネルギー関連の設備、機器の管理に留まっていたHEMSが、カーテンの開け閉め、外出時の施錠、エアコンのオンオフ、などの状況を管理できるようになった。こうしたシステムは、東急住宅リース、大東建託などの賃貸住宅にも導入されている。

　一方、3、4年前から欧米では住宅のスマート機能を活かした、スマー

トホームと呼ばれる保険サービスが開発されている。米国最大手の損保会社であるState Farm社は、住宅内のスマート機器から、火災検知などの履歴、水道の利用状態、ドアや窓の施錠状態などの情報を収集し、火災、水漏れなどの事故、盗難などのリスクをモニタリングするサービスを提供している。保険加入者にスマート機器を無料で設置するサービスもある。これにより、保険会社は日常の生活状況を細かく分析して事故を予防し、事故による保険金の支払いを制御する手段を手に入れることができる。生活の情報が漏えいするリスクはあるが、保険料の割引メリットなどによりユーザーの反応も良く、7割近いユーザーがスマート機器の導入に賛同している、という調査結果もある。こうした流れを受け、欧米では一般の持ち家にもスマート機器が導入され始めた。

　日本では、まだ欧米のようなスマートサービスは導入されていないが、損保各社はスマート機器から収集される情報の分析方法の研究、サービス開発、ベンチャー企業との連携などを進めており、サービス開始は遠くないと想定される。

## 2）進む不動産の自動管理

　スマートハウスは、省エネ性能、快適さ、生活しやすさ、防犯や見守りなどの安全安心機能、再エネや熱供給を含めたエネルギーの最適利用、セキュリティ機能、などを備えている。

　一つ目の省エネは、かつての我慢する省エネではなく、ゆとりを持った省エネだ。このために断熱性の高い躯体に自然の明かりや風を取り入れ、照明やエアコンなどと総合的に制御する機能も採用されている。例えば、日差しの強い夏の日中はエアコンと遮光性の高いカーテンを制御することで室内の温度を調整する。カーテンを閉めると室内が暗くなるので、室内のライトをつけるかエアコンの冷房を強くするかを総合的に判断して住む人の指向に合わせた省エネを行う。こうした制御には照度計や温度計の適切な配置が必要になる。電源確保のために、電池式で短

図表1-9　スマートハウスの価値向上

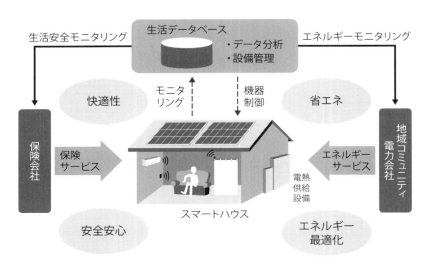

距離通信ができる、Zegbee、LoRaなどのセンサーネットワーク機器が用いられる。

　二つ目の快適で生活しやすい空間のためには、温度や湿度などの自動制御、照明の自動点灯、カーテンの自動開閉、オートロック、といった生活サポート機能が導入されている。米国のCasper AI社は、100個近いセンサーを住宅に組み込み、人の動作などの画像データ、エアコンの設定温度、カーテンの開け閉めの履歴、などからユーザーの行動特性を学習し、自動制御するシステムを提供している。家賃20〜30万円の家に月々5千円程度でサービスを提供するなど、安価・中価格帯の賃貸住宅を中心に実績を上げている。このサービスを使うと、便利なだけでなく省エネ効果も得られる。同類のサービスは、米NESTが2011年に家庭内のエネルギー機器の管理を目的にAIサーモスタットを発売以来多

数登場している。最近、普及し始めたAIスピーカーもサービス普及の後押しになるだろう。家電の制御については家電の節で詳述する。

三つ目の安全安心には、防犯、火の始末、見守り、室内確認などの機能がある。住民が家にいない時に、室内の状態を画像データなどから分析し、ユーザーに通知するなどのサービスを提供する。レオパレス21は、高齢者向けの賃貸住宅で、非接触計測による脈拍などのバイタルデータ、室内を異常認知時のみ撮影した画像データ、窓の開閉や入退室データなどを計測するセンサー、さらに配線や充電の心配が要らない電池式のLoRa通信方式、を用いた見守りサービスを提供している。

四つ目のエネルギーの最適利用では、太陽光発電やエネファームなどによるダブル発電と蓄電池を組み合わせる。災害時のエネルギー・セキュリティと電力・ガス購入価格の低減という効果が期待できる。非常時自立運転モードでは太陽光の発電が余剰な場合は電気を蓄電池に貯め、不足する場合は燃料電池で発電し、生成したお湯を給湯機に蓄える、などの制御を行う。家庭のエネルギーの利用効率を高めるには、天候によって変動する太陽光の発電量を見ながら、燃料電池で生成したお湯をできるだけ捨てないように、貯湯槽の余裕度、蓄電池の容量を考慮して燃料電池の発電を制御しなければならない。こうした複雑な制御が家庭用として可能になったのは、機器の制御や住宅の状態監視のためのセンサーと解析機能の性能と経済性が向上したからだ。（図表1-9）

## 3）IoT化による不動産分野の方向性

政府はスマートハウスから一歩進んで、エネルギー消費を実質ゼロ以下にするZEH（Zero Energy House）の普及を図っている。こうした政策姿勢を受け、不動産事業者はスマートハウスの比率を高めている。ミサワホームは2016年の実績15%を2020年に90%まで引き上げる目標を掲げている。パナホームは実績17%に対して目標80%、三菱地所ホームは実績9%に対して目標80%を目指す。同時に、各社はスマートハウス

のZEH化も進める方針だ。

　家やビルなどの不動産の監視・管理システムは今後確実に普及する。これにより、火災等のリスクが低下し、防犯等のセキュリティ機能も各段に向上する。今後のセンサーや分析機能の価格低下を考えると、十分に収益が期待できる投資になるはずだ。国内でも欧米のようなIoTを活用した保険商品が誕生し、監視システムが無償で提供されるようになる可能性もある。

　業務ビルでは設備、機器の自動化が進み、IoTを活かした入居者やテナントへのサービスが拡大するだろう。スマートハウスは屋根材に太陽光パネルが装着されるのが一般的になり、この数年で価格がガス湯沸かし器の2倍程度まで低下する燃料電池を装備する住宅も増えるだろう。

　こうして不動産はIoTが最も普及する市場の一つとなる。あらゆる建物に施設管理・監視のシステムが装備され、エネルギー機器も備わるようになると、次は、個々の設備の管理から多数の施設からなるコミュニティ単位での設備・機器管理・監視、エネルギー融通などを手掛けるコミュニティ・マネジメントのためのシステムやサービスが開発されていくことになる。

# 家　電

## 1）新たな展開を迎えたスマート家電

　家電分野では、冷蔵庫のAI化といった従来型の商品だけでなく、IoTを取り入れた新ジャンルの商品が誕生している。

　従来型の家電はAIで多彩な進化を遂げた。三菱電機は外気温や床、壁の温度状況から体感温度をAIで先読みして気流を制御するエアコン、日立は顔認証の技術を使って部屋の中にいる人に合わせた温度設定ができるエアコンを開発した。シャープやサムスンは話しかけると庫内の材料からレシピが提案される機能を搭載した冷蔵庫を開発している。シャープがAI機能を搭載した家電を2016年から3年間で100倍に増やすとの目標を示すなど、家電のAI化は急速に進む見込みだ。

　最近では、冷蔵庫など従来の家電だけでなく、IoTを活かしたアイデアを盛り込んだ製品が登場している。フランスのKolibreeのスマート歯ブラシは、どの歯が磨かれていないかなどをスマートフォンに表示する機能や自然に歯が磨かれる子供向けのゲームが装備されており、2015年から2万円で販売されている。台湾のHiMirrorは最適なスキンケアをアドバイスする美容鏡を2017年6月から約5万円で販売している。

　現在最も注目されているのはスマートスピーカーである。米国では、2014年から販売されており、既に3500万人以上が利用していると言われる。日本では2017年10月にグーグルが発売を始めて以降、アマゾン、ソニー、ラインなどが続き、アップル、マイクロソフト、パナソニック、NTTドコモなども新製品を発表するとしている。米国では音楽プレーヤとして利用されるだけでなく、電話、メールの読み上げ、照明のオンオフなどを自動操作する生活が広がり始めている。

　こうして家電がセンサーを介しWEBに接続するようになると、膨大なデータを使っていかに生活に直結する価値を生み出すかが問われるよ

うになる。

## 2）ネットワーク化で付加価値を拡大するスマートシステム

　家電のような身近な機器をIoT化するには、安価で高精度なセンサーが必要だ。Kolibreeの歯ブラシは3Dモーション、加速度、磁力などのセンサーを内蔵しながら、電動歯ブラシと同等の価格に収めている。HiMirrorの美容鏡は、高精度な画像センサーで肌の保湿度、メラニンなどの状況を計測・分析して、ミラー型のディスプレイに映し出された顔の上に表示し、最適なスキンケアをアドバイスする機能を5万円で提供している。

　これらの製品に共通しているのは、身近であることと、ネットワークにつながって価値を提供していることだ。身近な家電を介してIoTがユーザーの生活に入り込み、データを収集するようになって、より付加価値の高いサービスが生まれる可能性がある。シャープのAIオーブン「ヘルシオ」は、有名シェフのレシピを紹介するだけでなく自動的に調理もする。手順に従って食材をヘルシオに入れると自動で専門店並みの味の食事を作ってくれる。ネットワークにつながることで、レシピというデータと、食材やそれを提供する事業者、専門店という実世界を結びつけている。

　スマートスピーカーは、家中の家電のインターフェースとなり、生活を変革する可能性のある製品だ。音声をデータ入出力のインターフェースとすることで、タブレットのような画面も文字入力をする手間も必要ない、という機能はこれまでの家電、通信機器には無かった。日常生活に直結した家電から上がってくるデータをネットワークに接続すれば、ユーザーの行動情報を常時収集することができる。その上で、ユーザーの特徴を把握し、嗜好や癖を学習すれば、効果的なサポートや情報提供ができるようになる。

　スマートスピーカーは典型的なネットワーク型家電である。構造的に

は、Wifiや家電との通信機能を持つ組み込みコンピュータとマイクとスピーカーだけで構成されており、楽曲選定や対話のアプリケーションはネットワーク側にある。タブレットのようなディスプレイも不要なので、入出力装置も極めてシンプルだ。イギリスでは2017年5月に簡素な製品が雑誌の付録として提供され、日本でもグーグルのAIY（AI Yourself）プロジェクトで紙製のスピーカキットが3千円台で販売されている。

　家電分野では、高品質なハードウェアと高度制御が備わったAI家電が登場する一方で、インターフェース側のシンプル化が進んでいる。

## 3）インターフェースの共通化で付加価値の源泉が再びモノへ

　家電がスマートスピーカーのようなインターフェースと接続されると、インターフェースの仕様に合わせて制御機能をオープン化するか、IFTTTなどの汎用連携ツールと互換性を持つように開発することが必要となる。こうなると、インターフェースを介して集まった情報を手にした企業が家電に付加価値を加えられるようになり、家電のデータを学習し生活をサポートするサービスが提供されるようになる。一たびそうしたポジションを与えてしまうと他社は挽回が難しくなる。高度制御機能が外部化されることを意味しており、日本の家電の差別性が低下しかねない。

　一方で、これまで日本が作ってきたきめ細かな制御はハードウェアに依存している面がある。炊飯器であれば土鍋、炭釜、鉄の厚釜、銅釜など、内釜の違いだけでも多々ある。おいしいご飯を炊くためには、内釜の特性をよく理解した上で、試行錯誤で微妙な調整を何度も行ってロジック、パラメータを決める必要がある。

　上述したように、家電を制御するインターフェースが普及すると、家電の付加価値がプラットフォームに吸収されてしまう懸念もある。しかし、実際には、ハードウェアと一体となったきめ細かい制御ができれ

第1章 広がるIoTの世界

図表1-10　ネットワークで高まるモノの付加価値

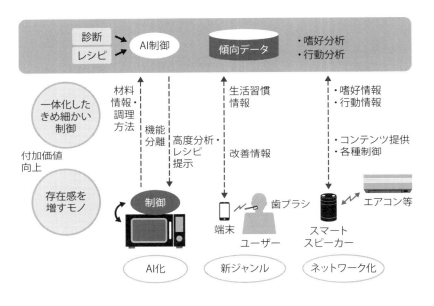

ば、インターフェースに吸収されないポジションを確保できる可能性もある。家電業界では、付加価値の高いハードウェアと制御の作り込みが改めて差別性のポイントになる。

### 4) IoT化による家電分野の方向性

　スマート家電が普及すると効率的で便利な生活が送れるようになるが、それは人が意識して家電を操作する機会が減っていくことでもある。家電とデータの接続はICタグの導入によって一層深くなる。例えば、低コストのICタグを食品の製造段階で貼り付ければ、工場生産から冷蔵庫までを一元的に管理できるようになる。誰が何をいつどこで買ったのかを把握することもできるし、冷蔵庫が食料品データを読み取

り鮮度管理やレシピの提案ができるようにもなる。他の家電と連携して調理をサポートすることも可能だ。

　家電は組み込みコンピュータの性能を競ってきたが、ネットワークに接続することで、利用形態や好みなどを考慮し個人の嗜好に合わせた価値を提供できるようになる。食品にICタグが付けられるようになれば、家電周りのデータ量は一層膨大になる。そこから、ハードウェアと結びついた一層付加価値の高いサービスが生まれそうだ。(**図表1-10**)

# 流通・サービス

## 1）在庫管理からマーケティング、カスタマーエクスペリエンスを変革するサービス

　流通は、人手不足やコスト競争などにより生産性の向上に迫られ、IoTの活用が先行した分野だ。経験を蓄積することで、IoTがマーケティング、サービス向上のためのツールとして位置付づけられるようになってきた。

　アパレル業界では2000年代後半から、在庫管理に加え、売れ筋や試着の傾向を把握するためにICタグが導入されてきた。ICタグ内蔵のタグをつけた商品が店内でどのように動き、購入に至ったかなどの情報を分析し、マーケティング情報として利用している。

　最近では、政府の「コンビニICタグ1000億枚宣言」などもあり、コンビニエンスストア等でICタグを使った無人レジが使われ始めた。

　2017年3月には、NECが画像認証により人物の行動を分析するサービスを開始した。来店者の人物・顔を検出して年齢・性別などを推定する機能や、人物を追跡する機能により、購買者だけでなく非購買者の行動も把握できる。

　特徴的なのは、カスタマーエクスペリエンスの向上を図る米国のウォールトディズニーランドでの取り組みだ。2014年に導入されたマジックバンドサービスでは、魔法のリストバンドをかざすと買い物の決済はもちろん、誕生日や趣味、好きなキャラクターなどの個人データに基づいて、キャラクターが名前を呼んで話しかけてくれる、などのサービスが受けられる。

　旅行分野でもエクスペリエンス向上のための取り組みが進んでいる。マイクロソフトは、食事や映画の好み、購買傾向、ホテルのアメニティの好み、利用したサービスなどの情報を分析したことで分かったユー

ザーの傾向を航空会社やホテルに提供している。

## 2）進化するスマートサービスシステム

　アパレル業界で早くからICタグが導入された背景には独自の業界事情がある。商品が多種多様で店舗でのサイクルが速く、棚の陳列方法が頻繁に変わり、入荷やメーカーへの返品時の棚や入出庫の管理の負担が大きい、といった点だ。一方で、店舗での接客時間が長い方が売り上げは増える傾向があるので、できるだけ付帯業務の負荷を下げたい。人員の作業効率が経営の重要なKPIとなる産業なのだ。

　ICタグ内蔵のタグをつけた商品は、いつ試着に選ばれ、どんなものと一緒に購買に至ったかなどをトレースできる。段ボール単位の検品が可能で、購買用のカゴごとICタグのデータを読み取りレジを省力化することもできる。数十cm程度離れても正確にデータを読み取れるICタグを使うことで、入出庫管理、商品の棚管理、マーケティング、決済などを効率化できる。アパレルで導入が先行したのは、製品単価に対して導入当初のICタグの単価100円が相対的に安かったからだ。それがこの5年程度で10円程度まで下がり、コンビニへの導入も視野に入ってきたのである。

　店舗の管理では、画像センサーの高性能化とコストの低下で、今まではできなかった来訪者の行動分析が可能となってきた。NECは服装の色で人物を識別・特定する技術を開発した。店舗内では、姿勢や照明の条件によって色が細かく変動するが、変動する条件を機械学習によって補正することで、複数のカメラに映った人物を同一人物と認識し人物の位置を特定することができるようになった。カメラの位置、店内のマップを考慮して、複数のカメラの情報を連携する技術によって実現されたシステムだ。従来は1台のカメラの死角に人物が入ると追跡できなくなったが、色の条件を設けることで、複数のカメラの撮影範囲を移動しても対象とする人物を認識できるようになった。NECは、こうして計測

された人物の行動履歴を蓄積し、独自の顔認証システムを用いて識別した年齢・性別の情報から、購買層のセグメントに応じた店内の移動マップを作り上げた。

　カスタマーエクスペリエンスの向上を目指した旅行支援システムでも、鍵になるのはカスタマー情報の連携だ。そのためには、飛行機やホテルなど、サービスを提供する事業者間のサーバーの連携が必要になる。例えば、飛行機の中で聞ける音楽や、ホテルの室内に設置されたスピーカーから流れる音楽を顧客の好みに合わせるため、顧客の過去の利用傾向を分析してお薦めの曲を選択する。飛行機の中で途中まで見ていた映画がホテルでも見られるようになるなど、リアルタイムの連携が実現できれば、ホテルでの手続きを減らすことができる。ルート案内などの情報を連携すれば、旅行の安心感も高まるだろう。マイクロソフトはこうした連携のために、関係事業者の情報管理を自社のプラットフォームに統合しようとしている。

## 3）スマートサービスの行方

　ICタグの価格は現在10円程度まで下がっている。国の「コンビニICタグ1000億枚宣言」に見込みが着けば、コンビニ各社が導入の条件としている「ICタグ1枚1円」が視野に入ってくる。一方、こうなると、タグを取り付けるメーカー側の作業が煩雑になるので、パッケージの製作との一体化やそのためのICタグの標準化が必要になる。

　こうした商品のサプライチェーン上でのデータ連携という縦の流れが、ホテルや航空会社などの顧客情報のデータ連携という横の流れと一体になれば流通・サービス部門は大きく変革する。そのためには各社が自社プラットフォームを横展開するだけでなく、多数のプラットフォームがオープンに連携できる環境が必要だ。事業者固有のオムニチャンネルなどの概念を捨て、プラットフォームを開放し新たな社会インフラに参加するという方向転換がいつ始まるかが注目される。

## 4）IoT化による流通・サービス分野の方向性

　流通分野では、ICタグの価格が下がったことで、アパレルだけでなく、コンビニやスーパー等で販売される商品にもICタグが添付される

図表1-11　ICタグ利用の多層化

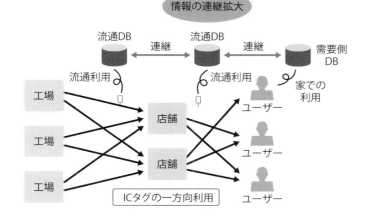

ようになる。これにより、製造元からトラック等への積み込み、荷下ろし、店舗への搬入、店舗の倉庫や棚への陳列、レジでの会計までを一貫してデータ管理できるようになる。トラック、棚、レジにICリーダーが設置されていれば、どこに何があるかがリアルタイムで把握できるようになり、在庫管理や販売管理などが無人化され流通コストが低下する。また、流通工程がシームレスに接続されることで、リアルな情報に基づいた経営・販売計画を策定できるようになり、在庫などのバッファを極限まで縮小できるようになる（**図表1-11**）。

　その結果、関係する企業の事業範囲や企業の中で働く人の業務分担が大きく変わるはずだ。例えば、従来、店舗や倉庫の管理をしていた人の業務が管理から顧客サービス、接客、デモンストレーションなどビジネスの付加価値を高める方向の業務に変わっていく。消費者にとっては、買い物が単なる調達の場ではなく楽しむ場に変貌していくことになる。

# ヘルスケア

## 1）病と未病の見える化で拡大する健康管理、医療のIoT

　ヘルスケア分野では、活動量計、心拍数計などが早くからIoT化されてきた。既に数多くの機器が患者や利用者のデータを取得しネットワークに接続できるようになっている。

　今やスマートフォンはヘルスケア機能で満載だ。歩数計で運動を習慣化し、寝返りを検出して睡眠状態を分析して寝覚めのよいタイミングで目覚ましを鳴らしてくれる。スマートフォンと加速度センサーを組み合わせたシステムの用途は多岐に渡る。スマートバンドのようなコンパクトで専門的な機器も洗練されてきた。また、スマートシューズ、スマートウェアなどの運動系ウエアラブル端末は健康管理だけでなくスポーツの練習方法を革新する。

　近年では、体内に埋め込むインプラント式やコンタクトレンズ式のデバイスの開発も進んでいる。

　スマートメガネや脳波計などの知覚系ウエアラブル端末も利用され始めている。日本総研と東京大学は、簡易な脳波計を使って、脳が集中状態にあるか、発想が生まれ易いマインドワンダリングの状態にあるか、を解析することで、創造性が求められる人材向けの能力開発に役立てるシステムを開発している。

　健康増進や能力開発だけでなく、病気の治療に使われるIoTの開発も急速に進んでいる。オムロンは、手首式や上腕式の小型血圧計、体重計、体組成計などのネットワークに接続された計測機器をラインナップ。医療分野では多くの企業が血糖値計、針を使わない血糖レベル計、心電計など、IoTを使った医療機器を開発している。高齢者医療では、ベッド等に内蔵したセンサーによる見守りサービスが商品化されている。

　オムロンと連携して国内初の遠隔医療による統合診断を進めているの

がオプティムである。同社が開発したポケットドクターは、ビデオ通話で医師と患者をつなぎ、医療機器の情報と画像による状況確認によって、遠隔での診断や診療機関の紹介を行う。

このように医療・ヘルスケア分野では数多くの用途向けにIoTを使った機器、サービスが開発されている。一方、先行して開発された医療関連機器と、最近になってIoTの導入が進んだ身体の状態監視などヘルスケア分野でのデータがどのように連携していくのかが見えない面もある。市場の拡大には垣根を超えたデータ、サービスの連携が必要だ。

## 2) 次への鍵は電源の確保

スマートフォンの普及、加速度センサー、GPS等の小型化や低価格化が、2006年に加速度センサーを埋め込んだナイキのシューズ型ヘルスケア商品を生み出し、その後、加速度センサーや心拍数計を内蔵したリストバンド型のフィットビット、ジョウボーンによる健康管理へとつながった。スマートフォンが数多くのアプリケーションのプラットフォームとなった背景にはナノテクノロジーの進化がある。2000年代後半、スーパーコンピュータの機能が拡大したことで、ナノスケールの材料設計に必要なシミュレーションが可能となった。これによって、量子効果を考慮した回路設計やナノスケールの加工ができるようになり、LSIの集積度が飛躍的に高まった。

より微細で複雑な回路設計ができるようになったことで、複数の機能を集約化したSoC（System on a Chip）が製品化され、コンピュータ、スマートフォン、画像認識チップの性能が向上したのだ。また、LSIの微細加工技術によって、MEMSが進化し、LSIの回路に加速度センサー等を埋め込めるようになった。こうした技術がスマートフォンの量産と両輪となってセンサーの小型化と低価格化が進んだのである。

さらに、MEMSの進化でチップが小型化、薄膜化しFHE（Flexible Hybrid Electronics）技術が発展して、電子機器が薄い膜の中に収めら

れるようになった。例えば、リストバンドの機能を皮膚に貼ったり、服に印刷できるようになった。集約化、小型・薄膜化の流れは現在でも加速中だから、スマートウェアはまだまだ進化する。

　一方で課題になるのは電源だ。小型化すればそれだけ電池の容量は小さくなるからだ。解決には主に3つの方法がある。

　一つ目は電池の小型化、薄膜化である。パナソニックは2017年にFHE技術を用いた厚さ0.45mmのリチウムイオン電池を開発した。フレキシブルな薄膜にすることでスマートウェアへの印刷も可能になった。

　二つ目は非接触充電である。インプラント型などは体外に取り出して充電することができないので非接触充電が必須となる。パナソニックの薄膜型リチウムイオン電池は非接触で充電できる。

図表1-12　ナノテクノロジーを起点とした半導体周辺技術の進化の構造

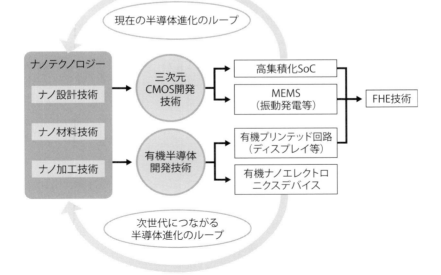

三つ目は微力な発電、エナジーハーベスティングである。代表的な方法に振動発電がある。振動発電は、振動の力によって素子にひずみが生じることで電気を起こす技術である。オムロンは2012年には100円玉大の振動発電機を開発した。また、東京大学などは2017年に1円玉大の発電機で、オムロンの10倍の発電能力を試験的に実現したと発表した。2020年には量産化を行う予定とされる。

### 3）ユーザー価値を向上するサービスに期待

　ナノテクによるセンサーの進化、利用形態の多様化、電地の開発などにより、医療、ヘルスケア分野のデバイスは今後も大きな発展が予想される。ヘルスケアと医療の改善や効率化に対するニーズは膨大だから、この分野のデバイスの発展には目が離せない。（**図表1-12**）

　現状では、収集したデータを提示するレベルに留まるサービスが多く、ユーザーニーズはまだまだ開拓の余地がある。例えば、どのような生活習慣を持った人がどのような身体状態になるか、どのような新たな生活習慣を実践し、どのようなサプリメントを活用した結果改善が図られたか、などのデータを蓄積すれば個人、医薬やデバイスのメーカーなどにとって有効なデータベースを構築できる。こうなると、ヘルスケアのIoT市場は単なるデバイスの市場からユーザーの健康管理、メーカーの開発支援、自治体や国の政策支援などのサービス市場に進化することができる。

### 4）IoT化によるヘルスケア分野の方向性

　医療・ヘルスケア分野では、健康管理、未病管理、病気の管理の垣根がなくなっていく。制度面の改訂は時間がかかるかもしれないが、デジタルデータを使ったアプリケーションの開発は急だから、垣根はボトムアップで変わっていく可能性がある。

　健康情報を個人がインプットするのは自由だ。個人の身体データをプ

ラットフォーム事業者が活用するのは難しいが、本人が使うことに問題はない。現在、普及しているヘルスケアのアプリケーションはほとんどがこの形態だ。同じ様に、健康管理、未病管理、病気のデータがシームレスにつながれば、個人が適切なタイミングで医療機関や健康関連サービスを選択できる環境が整う。一般商品についても、データを持っている個人に対して新たな商品・サービスを提案できる機会ができる。

医師や医療機関が評価され、競争にさらされるようにもなる。結果として、医療機関でも市場で構築されたデータベースを活用する先端的なところが出てくるだろう。政府も医療費の効率的な使い方のために、直接間接で市場のデータを活用するようになるはずだ。政策、ビジネス両面で医療・ヘルスケア分野でのIoTの導入への期待は高い。（**図表1-13**）

図表1-13　シームレスなヘルスデータ管理で変化する医療

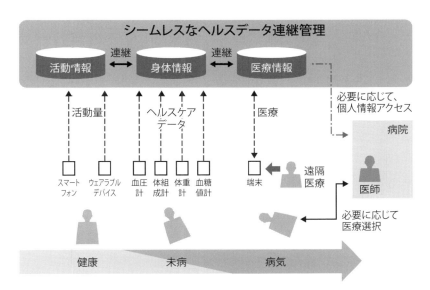

# エネルギー

## 1）需給一体が視野に入ったエネルギーマネジメントシステム

　エネルギー分野のIoTは、スマートメーターの導入で注目が高まった。並行して、需要家側の工場やビル等の設備の稼働状況、住宅の居住環境や設備の稼働状況をモニタリング、管理するエネルギーマネジメントシステムが普及したことで、エネルギー分野はIoTによるサービスの環境が整った。

　スマートメーターは、2008年に始まった米国のグリーンニューディール政策の柱の一つであるスマートグリッドを実現するための中核技術と位置づけられ注目された。スマートグリッドはリアルタイムで電力網の需給をシミュレーション、調整する大規模IoTシステムだ。

　日本でスマートメーターの導入が始まったのは2014年だ。東日本大震災の経験を踏まえて、電力需給ひっ迫時の調整、省エネルギー、需要の平準化、さらには、2016年から始まった電力小売全面自由化の基盤作り、などが目的だ。スマートメーターは現在需要家の4割程度に普及しており、東京電力は2020年までに全戸への導入を終える予定だ。最も遅い沖縄電力でも2024年までに導入を終える。電力会社が個々の需要家とつながることで、従来のような固定的な料金のサービスから、個別の需要家のニーズに対応したサービスが可能になってきた。

　需要家のエネルギー使用状況をきめ細かくモニタリングできるようになったことで可能になったサービスの一つがアグリゲータである。ビルやマンションなど複数の需要家向けに電力を一括供給するアグリゲータサービス専門の事業者も育ちつつある。2017年4月には、電力需要の削減効果を取り扱う「ネガワット取引市場」も立ち上がり、スマートメーターを活用した市場に不動産、通信、電気など多く分野の事業者が参入することが期待されている。

2 あらゆる分野に広がるIoTの世界

　スマートメーターの普及で革新が期待されるのが省エネサービスである。従来から、ESCO（Energy Service COmpany）、ESP（Energy Service Provider）など、設備改善や運用改善のサービスを提供する事業者が活躍してきた。ESPは電力モニタリングの機器を店舗、ビル、工場などに設置しリアルタイムで電力使用量を把握し、エネルギー利用状況の分析と診断を行い、改善策を提案する。データを蓄積して電力需要モデルを構築すれば、電力の需要予測もできるようになる。

## 2）モニタリング機器の普及で進むデータマネジメントサービス

　スマートメーターやエネルギーマネジメントシステム（EMS）が普及することによって電力のモニタリングコストが低下した。スマートメーターは当初4万円／台程度だったが、普及の拡大と制御用マイコン、センサーのコストダウンにより、この10年で価格が3分の1程度まで低下した。一方、施設内部の配電盤用のモニタリング装置の価格は実に10分の1程度まで低下した。システムのコストダウンを受けて、さらに普及が進むという好循環段階に入りつつある。

　モニタリングシステムが普及すると、同種の工場の生産ラインや、店舗などのエネルギー利用状況を比較分析し、ベストプラクティスの共有するサービスが可能になる。最近では、エネルギーデータをより付加価値の高い目的で利用しようという試みも始まっている。エネルギーデータは需要家の生活状況、生産状況を映し出す指標とすることができるからである。

　エネルギーデータは多くの情報を含む。低周波成分からは需要家の一日の生活リズム、生産状況や設備の稼働状況を把握することができる。工場ではエネルギーデータが安定していれば設備の稼働が安定していると考えることができる。生産量と相関したエネルギーベースの原単位を設定することもできる。中周波成分からは生活や生産現場で、どの機器、設備がどのように作動したかを知ることができる。工場では時間管

理や運営管理のデータと合わせて分析することで設備のオペレーションの巧拙を評価することもできる。高周波成分では電力の周波数ピークの発生状況が機器や設備が正常に動作しているかどうかを知る指標になる。こうした電力データの特徴を利用すれば、省エネに加えて、設備の稼働管理、オペレーション改善、設備の故障診断等が可能となる。

EMSは電力需給調整にも活用できる。例えば、複数の電源や需要を一つの電力系統上で調整し、あたかも一つの発電所のような供給力を確保するバーチャルパワープラントサービスだ。海外では、ドイツのネクストクラフトベルケ、米国のエナノックなどが先行し、国内では、日立、東芝などが実証試験を進めている。スマートシティが特定の地域内のエネルギーの統合マネジメントを主眼とするのに対して、広域に分散したエネルギーリソースのマネジメントを主眼とする。今後、再生可能エネルギーが増えると、小さな再エネ事業者の参加を促し電力系統の安定を確保するのに欠かせないサービスとなる。

これまでエネルギー管理や設備管理、オペレーションの改善に限られていたサービスの範囲を工場の生産管理の改善などに拡大しようという試みも出てきた。そこで注目されるのが、生産機器の制御と経営管理システムの間に位置するMES（Manufacturing Execution System）だ。MESは工場の品質管理、保守、生産の計画などと連携して、設備と作業の管理を行うシステムだが、設備の制御システムとの接続が遅れていた。結果として、工場の統合的な管理運用ができない状況にあった。MESは工場管理用のアプリケーションとして導入されてきたが、近年、SAPはERP（Enterprise Resources Planning）にMESの機能を取り込み、工場の統合マネジメント機能の幅を拡げている。

## 3）データ分析でサービスの付加価値が高まる

経済産業省の2030年に向けたエネルギー消費量削減の施策では、IoTを活用したエネルギーマネジメントが中核に据えられている。

図表1-14　エネルギーIoTシステムの全体像

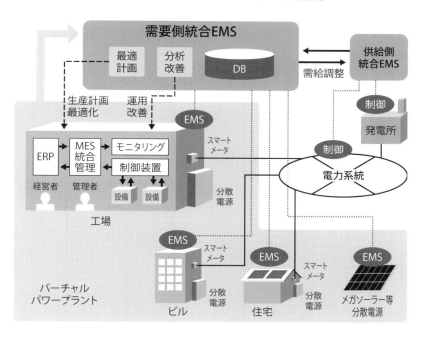

　一方、中国でも需要側のエネルギーマネジメントへの期待が高まっている。エネルギー消費量が世界第1位の中国は、国家政策としてエネルギー多消費産業（石油化学・製紙・紡績などの製造業、病院などの業務用ビル等）に厳しい省エネ目標を課している。同時に、IoTの施策でも、「インターネット＋」という政策の一環でエネルギー消費の改善を進めている。こうした政策に応える形で、工場での省エネ需要が拡大している。

　日本総研、横河電機、東京電力は中国の2大電網会社の一つである南方電網の省エネ会社南方電網総合能源有限公司とともに、工場を対象

に、エネルギーデータを起点とし、MES、ERPと連携して生産プロセスの改善を図るシステムの実証事業を進めている。ここでは、工場内の設備のエネルギーモニタリングだけでなく、生産情報や納期などのERP関連情報、設備の運営指標となるMES関連情報の取得・分析、さらには、発電プラントのモニタリングを行い、省エネに加えて生産計画の最適化を図っている。

IoT関連技術の進化で、こうした省エネから工場経営までを包含する統合的なエネルギーサービスが可能となった。

## 4）IoT化によるエネルギー分野の方向性

エネルギー分野では電力会社の電力系統上の制御機能、電力系統と需要家を結ぶスマートメーター、需要側のEMS、さらには最後に述べた工場等の運営管理を含んだ統合マネジメントシステムが並行して開発されている。これまでは電力系統のシステムが軸となり、需要家向けのEMSが整備されていく、と考えるのが一般的だったが、需要側のシステムが主流となる可能性もある。需要側のEMSや分散電源の性能が向上している上、再生可能エネルギーの大量導入と変動調整ニーズがあるからだ。需要側のエネルギーデータが蓄積されると、これを広い範囲でマネジメントしようという機運が出てくる可能性もある。需要側の資産と一体となって事業の付加価値を高めたいというニーズもある。どのようなバランスで供給サイドと需要サイドのエネルギーシステムが進化していくのかで市場の勢力図は大きく変わる。（**図表1-14**）

## プラント・設備管理

### 1）自動監視、自動化に留まらないインダストリアル・インターネット

　プラントや設備の管理では、設備の診断や予測を行い、効率的なメンテナンスや保全を促すサービスが始まっている。

　日本では複数の企業が、プラントや設備管理に関する豊富なノウハウを活かしたIoTサービスを提供し始めている。日立は、設備の遠隔監視、診断、予測を行うドクタークラウドサービス、IoTプラットフォームのルマーダを提供しており、富士電機は診断・分析、予測、最適化を行うソリューションを提供している。プラント管理では、千代田化工と村田製作所、日揮とNECが各々共同でサービスを提供している。

　世界的に見ると、IoTのサービスで先んじているのがアメリカのGEである。

　航空機用エンジンのサービスでは、飛行中にエンジンの状態を分析し、故障の予兆等がないかを診断する。診断結果をリアルタイムで整備工場に送り、迅速でタイムリーなエンジンの整備を可能にし、飛行機の遅延を減らすことに成功した。エンジンの劣化度合は、砂漠や海上など航路の状況に応じて変わるので、利用環境に応じた診断、あるいはどのような航路や飛行状態が燃料消費やメンテナンスコストを低減できるか、なども提案できる。こうしたIoTサービスで航空会社の囲い込みに成功している。

　発電プラントでは、センサーからの信号を分析して、設備の異常の予兆を捉えるだけでなく、急な出力制御要請に対して効率的で安全に運転を移行できる最適運転計画を立案することができる。他のプラントと連携した場合の最適な運転パターンの提示も可能だ。プラント運転では、既に設備管理と同様の制御システムが導入されているが、プラントは多

数の設備が連携して稼働するため、設備の組み合わせを考慮しモデルを使った運転計画最適化システムの導入も進んでいる。こうしたプラント向けのシステムは設備情報から物理的にモデルを作るもの、あるいは運転データから学習したモデルを用いるものがある。いずれも高い精度でモデルを作ることで、リアリティのあるプラントのシミュレーションが可能になる。

## 2）分析と予測のためのシミュレーション技術のプラットフォーム化

　IoTによるプラントや設備の管理では、自動監視と分析・診断・予測の仕組みを作ることが重要とされる。ここでは求められるのは、単なるAIを使った分析機能ではなく、いかに顧客に価値を提供するか、という視点だ。

　航空機用エンジン向けのサービスでは、着陸後に速やかに部品等を交換して時間通り発着できるように、トラブルの可能性がある数千か所にセンサーを設置し飛行中に整備場へデータを送っている。センサーの精度の向上とコストダウンによって、様々な種類のデータを取得できるようになった。高周波帯域の振動センサーや、潤滑油に混じった細かな金属くずを感知するセンサーなども用いられている。膨大なデータを用いた診断を行うにはコンピュータの能力も重要だ。2010年代初めには丸1日かかっていた計算を、最近はリアルタイムでこなせるようになっている。

　GEはこれまで培ったノウハウによってモニタリングのポイントを網羅し、数千点のセンサーを用いて故障の予兆を見逃さない体制を作ってきた。長年培った知見を活かしてセンサーからの膨大な情報をリアルタイムで分析し予兆を発見する。迅速な対応を図るために、あらかじめ様々な状態を考慮したエンジンのシミュレーションモデルも用意されている。こうした仕組みはデジタルツインと呼ばれている。デジタルツインにより、エンジンの診断と燃費を向上するための最適運航の自動計算

などのサービスをリアルタイムで提供することができる。

　GEのシステムは、顧客の価値向上をアウトカムとして自動監視、診断・予測、最適化計算などのバリューチェーンをデザインしたことの成果と言える。その基盤となっているのがIoTプラットフォーム「Predix」だ。デジタルツインでは、それぞれの設備の設計情報と過去の運転データを用いて学習した上で、現在の環境データを使ってシミュレーションを行う。実績に基づいたシミュレーションができるところがGEの強みだ。精度の高いシミュレーションモデルがあることで、例えば、最適航路を計画する際にタービン軸の摩耗状況などを考慮した高精度の計算が可能になる。

　GEがこうしたシステムを開発した背景には、LCCの増加で、エンジンを販売する従来の事業モデルから、エンジンを自社で所有しエンジンの使用を時間売りする事業モデルへの変化が迫られた、という航空機業界の事情があったと言われる。実はこうした変化をいち早く捉えたのはライバルのロールスロイスだ。GEは市場変化に追従する形で自社のビジネスモデルを改革したのだ。

　システム開発の転機となったのは、ノウハウ漏えいを恐れてデータ分析の外部委託を止め、自社開発の方向性を決めた時だ。この際、既存PaaSを活用して開発したのがPredixだ。その後は、コマツ同様、データを活用して顧客価値を高めていった。従来、発着時と飛行中に一回しか計測・診断していなかったエンジンをリアルタイムに計測・診断することで、着陸前に修理等の準備をし、スケジュール遅延を最小化できるようになった。

　GEのサービスはプラント、設備を扱う多くの企業にとって今後不可欠なモデルとなる。実際、GEは同様のサービスをガスタービンの設備についても提供している。どの業界でも、どこかの企業が顧客価値を高めるサービスの提供を始めると、それを追うように業界のスタンダードが変化していく。解析技術とセンサー類の性能向上とコストダウンでビ

ジネスモデルの変革は避けられなくなっている。

## 3）プラットフォームを利用したビジネスモデルに期待

　日本企業にはデータを分析して設備の効率改善や故障のリスク低減を図る例が多い。重要な取り組みだが二つの課題がある。

　一つは、IoTを従来の効率化やIT化の延長に捉えると、投資負担が高くなってしまうことだ。最新の分析技術を使っても、現場の課題を解決するための分析には年数千万円の費用が必要になることもある。日本企業は既に多くの効率化に取り組んでいるので、高い費用をかけて分析したからといって、投資を回収できるだけの改善ができるとは限らない。IoTのシステム導入の際には従来に比べて改善範囲を広げるなど、いかに効果を高めるかという視点が必要になる。

　もう一つは、顧客の経営層のニーズが見えていない中でシステムを導入している場合があることだ。プラント会社は設備管理者や運営管理者を直接の顧客としているため、現場のニーズしか見えていない場合が少なくない。

　IoTのサービスの提供で重要なのは顧客の経営層に訴求することだ。経営層はコストだけでなく、顧客を通した自社の利益の拡大を見ているからだ。そうした経営層のニーズに応えるには「顧客の顧客」に対していかに価値を提供するかという視点が求められる。GEのサービスの対象となったジェットエンジンでは、航空会社は旅行者のCS確保のために発着の遅延や欠航の最小化を目指している。エンジンをモニタリングして飛行機の稼働率を高めたことで顧客が手放せないサービスとなった。GEでは「エンジンメーカー⇒航空会社⇒旅行者」、コマツであれば、「建機メーカー⇒建設会社⇒施主」といった関係が見て取れる。

　顧客の顧客へ価値を提供するには、サービスに関わる企業とのネットワークが欠かせない。ジェットエンジンであれば、リース会社、整備事業者などである。その時、IoTは企業をネットワークするデータ基盤に

なることができる。

### 4）IoT化によるプラント・設備管理分野の方向性

　プラント・設備管理は製造業にとって、IoTはモノ売りからサービス売りへの転換の起点となる。

　従来、高効率発電所などのエネルギープラントには経験に裏付けされた高度な運営ノウハウが必要だった。しかし、エンジニアリング会社は全ての運営情報をモニタリングできなかったため、運営リスクを取る形のサービスを避けてきた面がある。しかし、モニタリングのデータ分析の精度が上がり、エンジニアリング会社が設備を使うインフラ企業と同等のリスク管理が可能になれば、自信をもって運営リスクを取れるようになる。そうなるとプラント建設と運営のリスクをどこまで取って、設備の運営を担えるかどうかが問われる。

　公共分野では、民間企業がごみ焼却や下水道施設などのプラントを所有し、建設から運営までを行うPFI事業が普及している。今後は、こうしたモデルがあらゆる分野に波及し、適正処理や生産量をコミットするような事業者が登場する可能性もある。IoTはPPPのような公共分野のサービスをも進化させることになる。（**図表1-15**）

第1章 広がるIoTの世界

図表1-15 プラント・設備のIoTプラットフォームシステムの全体像

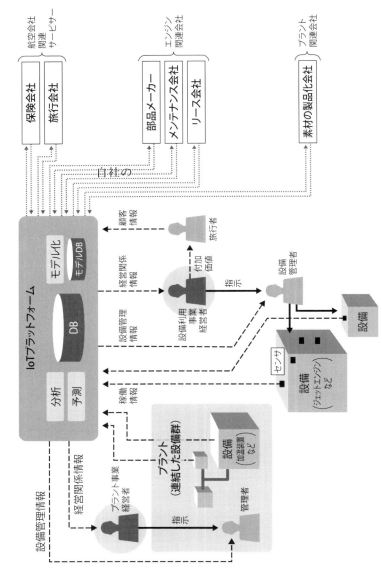

# 製造業

## 1）導入進む製造業へのIoT、インダストリーX.0

　製造業では、ドイツのインダストリー4.0に触発されて、生産体制の改革の動きが活発になっている。工場での取り組みは、①自動監視と設備稼働データの分析・診断による課題解決、②自動化と最適計画による運営最適化、③サービスと連携した顧客価値創出、の三段階に分けられる。

　「①課題解決段階」は、日本規格協会の調査では既に80％近い企業が取り組んでいる。これまでシステムの導入が遅れていた中小企業でも取り組む企業が多くなっている。具体的には、自社の工場の稼働データを収集し分析した上での、機械の予防保全、省エネ、リードタイムの短縮、無駄の見える化、などがある。従来、大手の工場が多額のコストをかけて試行錯誤で進めてきた生産プロセスの改善が、IoTのシステムが安価になったことで中小企業でも簡単に導入できるようになってきた。

　「②運営最適化段階」まで達している企業となると全体の30％程度に留まる。それも、工場の稼働状況を生産計画に反映するくらいのレベルのものが多い。従来のファクトリーオートメーションの延長とも言えるが、計画変更などに柔軟に対応できることが従来のシステムと異なる。こうしたシステムの進歩もIoTプラットフォームを比較的簡易に構築できるようになった成果といえる。

　「③顧客価値創出段階」に達している企業はさらに少なく15％程度に留まっている。殆どが大手の製造業だ。背景には、従来の物売りから脱し、各種のアプリケーションを組み合わせたソリューションを提供しなくてはならない、という大企業の危機感がある。今後、GEの航空エンジンの時間売り、SAPと独ケーザー社による大型コンプレッサーの空気売りなど、顧客の業態に合わせた「従量型サービス」、「成果型サービ

ス」が多くの分野で登場するはずだ。

こうした物売り型モデルからソリューションモデル、シェア型モデルに向かう製造業の流れを、インダストリー4.0の先という意味でインダストリーX.0と呼ぶことがある。

## 2）各国各様の取り組みと標準化の壁

インダストリー4.0は元々ドイツの国策であり、マスカスタマイゼーションを実現するための工場の生産体制とサプライチェーンの改革を狙ったものだ。例えば、製品一つ一つにICタグをつけ、製品が機械に作業指示をして生産機械が作業内容を変更するという生産ラインの改革がある。この例では、シーメンスのアンベルク工場が有名である。アンベルク工場は制御用PLCや周辺機器などの工場で、1日当たり120品目、総品種数1000以上を生産している。顧客からの注文により、1日当たり350か所程度の生産ラインの段取り替えが発生するという。

サプライチェーンで結ばれる工場群が、それぞれの工場の稼働状況を把握することができれば、どこかで故障が発生した時にも生産体制を柔軟に変更することできる。本来、「②運営最適化段階」に達した工場では、こうした工場間連携ができるはずだが、複数の工場間のエコシステムの構築には時間がかかる。まだ、ドイツでも有効な事例は少ない。その背景には、このレベルの技術は中小企業への導入が難しいという理由もある。ドイツがインダストリー4.0を導入しようとした理由には、中小企業間の連携強化という狙いがあったから、時間がかかるのは想定の範囲内だろう。

中小企業へのIoTシステム導入のもう一つの課題にデータ連携の難しさがある。中小企業では、多くの設備が個別に管理されてきたため、一体的に管理するには煩雑なネットワークを新たに作らないといけない。中には、特殊な制御装置を使っているためデータ収集さえ難しい設備もある。特に煩雑なのは設備間の通信方法だ。通信速度を確保したまま設

備を接続するには、通信速度の異なる複数のネットワークを連携しなくてはならない。しかし、設備メーカーによって規格が異なるため、規格の違いを制御するバーチャルネットワーク等のソフトウェアの仕組みが必要になるのだ。

　こうした問題を解決するために、現在、プラットフォーム・インダストリー4.0、インダストリアル・インターネット・コンソーシアムという二つの団体が互いの情報をすり合わせながら国際標準化を進めている。ただし、二つの団体の目指す方向が異なることが課題だ。

　インダストリアル・インターネット・コンソーシアムの中核であるGEは、インダストリー4.0と異なり、製品をインターネットと結びつけるオープンなIoTプラットフォームのデファクトスタンダード化を狙っている。代表システムであるPredixは、設備やプラントなどが主なターゲットだが、生産工場の管理にも注力している。GEサイドの動きは早く、Predixはデファクトスタンダードの候補となりつつある。これに対して、上述したように、ドイツ勢は関係者を巻き込み、時間をかけて着実に進めようとしている。

　米独の動向に対して日本は出遅れている。工場の生産性に対する自負が災いした面もあるが、中小企業が自社のノウハウの流出を懸念したことも理由の一つだ。一方、大企業は、自社のノウハウの横展開に拘り、サービス志向で「③顧客価値創出段階」の成果を追求できていない。今後、2,3年の間にどれだけサービス志向の成果を出せるかで、デファクトスタンダード競争に生き残れるかどうかが見えてくる。

## 3）プラットフォームを利用したビジネスモデル

　日本の製造業がIoTの変革の中で生き残っていくためには四つのポジションがある。

　一つ目は、自社開発のプラットフォームを使って実績を上げ、デファクトスタンダード化するポジションだ。極めて限られた企業にしか取れ

ないポジションだ。コマツのプラットフォームはカテゴリーレベルでのデファクトになる可能性がある。日立やオムロンの取り組みにも可能性がある。自社のプラットフォームをデファクト化するには、技術力も然ることながら、いかに多くの企業を取り込み、実績を拡げるか、といった戦略も重要になる。

一つ目は圧倒的なポジションであるが、この他にIoTの市場で生き残りをかけるポジションとして、自らサービス事業に打って出る、そのフォロワーとしてリアルタイムの即応性を確保する、特殊技術で高い差別性を確保する、などの選択肢もある。

二つ目は、単なる製品売りからサービスに移行することによって顧客に新たな価値を提供するポジションだ。機械や家電など加工組立産業の大企業の多くがこのポジションを取ることが予想される。成果をコミットしてサービスを提供し、顧客の価値創出に邁進し、囲い込みを実現することが求められる。

三つ目は、サービスへの移行を狙う企業へ部品や材料を提供し、エコシステムを構成する一企業となるポジションだ。加工、組み立ての少ない部品、素材産業の多くがこのポジションを取ることが予想される。二つ目と比べてサービスへの移行に伴う新たな機能の獲得は必要ないが、従来に比べて格段に多くの企業と取引しなくてはならないため、多品種少量の製品の製造をリアルタイムで調整するための投資が求められる。少なくとも「②運営最適化段階」に達しており、プラットフォームを介してリアルタイムで情報と製品を連携するためのネットワークを構築していることが必要である。

四つ目は、エコシステムに後から参加するポジションだ。そのためには特殊技術などで高い付加価値を有することが条件になる。

こうして、付加価値の高い技術がなく、リアルタイムで情報と製品の連携ができない企業はIoTのエコシステムに参加することが難しくなる可能性もある。

### 4）IoT化による製造業分野の方向性

　製造業ではIoTによりサプライチェーンの構造が大きく変わる。製造業においてIoTのためのネットワークとは新たなプラットフォームそのものであり、その中心に立つ企業とプラットフォーム上で一定の役割を担う企業に分かれることになるからだ。

　IoTプラットフォーム上では日々連携の状況が変わる。従来の縦型のサプライチェーンでは、最終製品を製造する企業が需要に応じて部品企業に供給の調整を要求したが、プラットフォーム上のフラットな関係では、全体を考慮してコストと納期を最小化する最適計画が日々組み替えられる。これまで以上に取引が変化するので、多数の事業者と柔軟な連携が組めることがポジションを維持するための条件となる。

　一方、プラットフォームの中心に立つ企業も、産業間連携が盛んになるから、プラットフォーム企業と戦略的に連携していくことが不可欠となるだろう。今後は、中小企業でも特殊な技術があればプラットフォームの上で取引が拡大していく可能性がある。一方、大企業であってもプラットフォームの形成や運営に不得手だと、業界でのポジションが低下する可能性がある。（図表1-16）

## 図表1-16 IoT市場における製造業のポジション

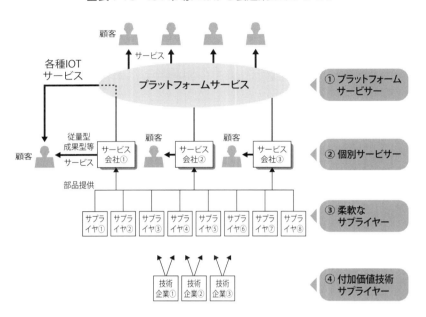

第 2 章

# 新旧勢力が競い合う
# IoT 市場

# 1 IoTの技術サプライチェーン

## 複雑なIoTの価値創出の構造

　前章で見たように、IoTは様々な業界の構造を革新する。自動運転は社会構造に影響を与えるだろうし、建設やエンジニアリング分野では産業構造自体が大きく変わる。また、スマート家電やスマートハウス、あるいは流通・消費のIoTは我々の日常生活を快適で効率的なものに一変するだろう。

　このように、モノとインターネットがつながるIoTの影響は広く大きい。「**実世界をセンサーで情報化**して、**自動的に高度な分析**を行い、**新たなネットワークや関係を構築**して、**実世界を変革**する」というIoTの枠組みは共通しているが、個々の分野を見ると、革新の構造は分野の特徴に応じて多様であることに気づく。

図表2-1　発展するIoTの枠組み／自律的発展の構造

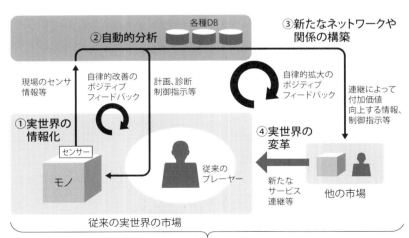

1　IoTの技術サプライチェーン

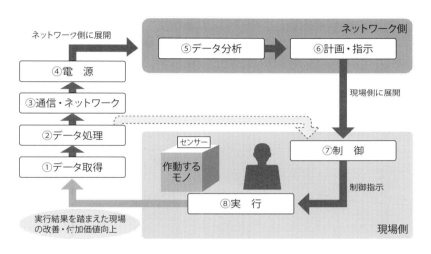

図表2-2　技術サプライチェーンの位置づけ

　こうした違いが生まれるのは、分野によって情報、人、設備・機器の関係が異なり、IoTの要素が影響を及ぼす程度に差が出てくるからだ。多くの分野に共通する要素もあるが、一つの分野で成功した革新のモデルを容易に他の分野に持ち込める訳ではない。IoTを追い風にするにはその構造を正確に捉えることが必要だ。以下にIoTを構成する要素に沿って革新の状況を見てみよう。（**図表2-1**）（**図表2-2**）

## 1）データ取得

　近年の画像センサーの発展について、「コンピュータが目を持った」、「生物進化のカンブリア爆発と同様な意義を持つ」、と表現されることがある。画像データを分析することで、これまで電圧、振動、歪等、用途ごとに限定されていたデータ取得の範囲が飛躍的に拡大するからだ。

画像センサーの取得が容易になった背景には、センサーの高精度化と低コスト化がある。ヘルスケア分野で述べた通り、ナノテクの発達によってMEMS等の高度化が進んだことの成果だ。

　例えば、4Kの画像センサーの価格はこの数年で十分の一に下がり、数千円で入手できるようになった。ヘルスケア用のリストバンドに使われるモーション計測用の加速度センサーは1か所あたり数万円だったが、スマートフォンなどでは1個数百円のセンサーが使われている。ICタグは、10年前は1個100円していたが、近年10円にコストダウンし、コンビニ等で活用されるようになれば、1円くらいまで価格が下がる可能性がある。

　こうしたコストダウンは、生産量が増加したことの影響もあるが、ナノテクによる製造方法の革新によるところが大きい。いずれも、半導体技術を基盤にしており、半導体の設計、加工の技術が性能に大きく影響する。この数年で、複雑な構造設計が可能になったことで、画像センサーでは画素の高密度化、加速度センサーでは半導体上に可動部を作るMEMS技術の細密化、ICタグではアンテナの細線化による小型化と電波の増幅などが可能となった。

　こうした傾向はほとんどのセンサーに及んでおり、データ取得が可能な領域が飛躍的に拡大し、あらゆるところにセンサーが装着されるようになっている。

## 2）データ処理

　自動運転の急速な発展は、画像データを高速で分析できる技術が発展したことによる面がある。画像を認識するためにAIが用いられているが、技術の進化が速く、この数年で一般車にも搭載できるような汎用製品が出てきた。

この背景にあるのは、コンピュータの処理速度の向上だ。AI、特にニューラルネットワークを用いたディープラーニングなどの技術は2000年半ばに開発されていたが、処理に時間がかかり効果すら十分検証できなかった。それが、コンピュータを並列させスーパーコンピュータ並みの速度で計算する手法が確立されたことで、従来数年かかっていた計算が数時間でできるようになり、ニューラルネットワークの有効性が確認された。こうして効率的で効果的な学習方法が次々と生み出され、実用段階に至った。つまり、近年のAIの急速な発展は、ディープラーニングという技術自体ではなく、元々あった技術がコンピュータの飛躍的な進化と、それを使った実用的な手法が開発されることの繰り返しによる、と捉えるのが正確だ。

　今では、自動運転用のパッケージソフトや専用ボードが開発され、人間、建物、標識などは学習済み、追加学習によって新たな対象が認識されていく、という製品も登場している。自動運転の画像処理はその場で高速処理しなければならないため、学習機能は車側のボードに組み込まれている。

　データの学習機能が現場側に組み込まれたことで、様々な場所に分散した情報を収集、分析し総合的に状況を認識するセンサーフュージョン技術も開発されている。

　人間の「見る」⇒「認識」に相当する、データの取得・認識のプロセスが自動化されたことで、人を介さずに様々な環境を分析、判断できるようになった。人間が認識する情報の過半を占めるとされる視覚情報が現場側で自動的に収集、処理できるようになったことで、コンピュータによる状況認識の可能性が大きく広がった。

### 3）通信・ネットワーク

　IoTの通信・ネットワークの主役は無線通信だ。無線通信ができれば、配線の手間とコストが省け、機器の場所を特定せずに情報を取得できるようになる。

　しかし、センサーの数が増えると通信コストが嵩むことがIoTの普及のアキレス腱となっていた。IoTで自動運転、建設機械、工場などが先行しているのは、通信コストが比較的小さい割に、高い付加価値を期待できるからだ。一方で、インフラの管理などでは多数のセンサーを配置して長期間データを収集することで成果が出るため、長期に渡る通信コストの負担が導入の壁となっている。

　近年、LPWA（Low Power Wide Area）が登場したことで、こうした状況が改善される可能性が高まってきた。通信コストの負担がなくなると、多分野のインフラでIoTの膨大な需要が生まれる。LoRa、Sigfox、Wi-SunなどのLPWAは免許がいらないISM（Industry Science Medical：主に920MHz）帯域を利用するため、これまでとは比較にならないほど安価での通信が可能になる。

　一方で、現状の通信技術の延長で期待されるのが5Gだ。5Gの速度はLTEの1000倍、同時に接続できる端末が100倍になる。遅延も少なく、リアルタイム性が高い。これにより、高度なIoTのための通信が可能となり、自動運転車の遠隔操作やARや車内でのVRが実用レベルになる。また、画像データの送信が容易になるので、端末側のデータ処理の負荷が減り、普及速度が上がる。

　ICタグは流通や動体管理に不可欠の技術だ。通信という意味では、超短距離、無消費電力通信技術となる。5G、LPWAより近距離で簡易な通信手段として補完的な役割を担う。コストが安くなることで、今後はあらゆる商品にバーコードのように利用され、広く普及するはずだ。

　このようにIoTを広範に導入するには、扱うデータの容量、通信距離

などにより、適切な通信手段を使い分けなくてはいけない。接続する設備側での技術やリスクのレベルにも配慮が必要だ。自動運転や発電所などではセキュリティ対応が必須の課題になる。そこで有効なのが、工場の新旧の機器のネットワークを構築する際に用いる仮想化技術だ。現状では仮想化技術が適用できる範囲は限られているが、適用範囲が広がれば、IoTの普及に貢献するはずだ。

## 4）電源

　IoTを構成する通信・ネットワークでは、小型のセンサーと通信器のパッケージを広範に設置しなければならない。これらが動作するには、長期間の使用に耐える小型で安価な電源が欠かせない。LPWAは通信時の消費電力を抑えるように開発されてきた。電源を長寿命化できれば、長期かつ頻度の高い通信が実現できる。

　このためのブレークスルーの一つとして注目されるのが、ヘルスケア分野で紹介した振動発電である。振動のエネルギーを電力に変換して蓄電することで、電池交換が必要なくなる。振動発電は2010年代に入って急拡大したMEMSを用いることで、微細な振動でも実用レベルの電力に変換することが可能となった技術だ。MEMSは現在も急速な発展を続けているため、今後、一層微弱な振動をエネルギーに転換できる技術が開発される可能性が高い。

　また、近年、非接触充電が注目されている。数cmの近接で用いられてきた従来の方法は電磁誘導方式、電解結合方式で、数m離れても給電できるのが磁界共鳴方式、電波受信方式などである。近年、窒化ガリウムの性能改善で電波受信方式の効率が向上するなど、次世代の給電方式として期待が高まっている。

　この他、超小型の太陽光セルを用いたセンサーモジュールも製品化さ

れており、電池交換の要らないセンサーと通信器の設置環境が整いつつある。

## 5) データ分析

データ分析は飛躍的に技術が向上した分野だ。特に、CPS（Cyber Physical System）の中核となるデジタルツインなど、シミュレーション、モデル化の技術が大きく発展した。

CPSとは、JEITA（電子情報技術産業協会）によれば、「実世界にある多様なデータをセンサーネットワーク等で収集し、サイバー空間で大規模データ処理技術等を駆使して分析・知識化を行い、そこで創出した情報・価値によって、産業の活性化や社会問題の解決を図っていくもの」とされており、IoTの目指すシステム概念そのものと言える。

CPSの実現に向け、設計図や計測データに基づいて、対象となる機械、建物、工場などの特性をAIを用いて学習する技術が開発されてきた。こうした技術が実用化されれば、センサーを設置しなくても、対象物の現状をモニタリング、診断、予測することが可能になる。また、機械の故障や工場の設備・機器の性能低下などを事前に把握して効果的な対応を図ることができるようになる。設計要素を組み込んだモデルを構築、学習することで、過去に発生した典型的なパターンに基づく分析、予測だけでなく、未知な状況を予測して事前に対策を講じることができるのでリスク管理などの効果が高まる。ただし、こうしたシステムが機能するためには、AIを用いて多量のデータに基づくモデルを学習することが前提となる。

ここまで述べたように、IoTの進化はコンピュータの性能向上によるところが多いから、CPSのような技術の進化に目を配りつつ、仮想データとリアルデータを組み合わせた効率的な分析システムを視野に入れて

おくべきだ。

## 6) 計画・指示

　工場の生産計画、複数発電所の運用計画、水道のポンプ場の運転計画、電車やバスなど交通網の運用計画など、生産工場やインフラ、プラント・設備分野の多数の機器を最適な状態で動作させるには、長年にわたって培われたノウハウに基づいて最適化を行った上で、現場の事情を踏まえて対策を講じ、実行しなくてはならない。この際、ネットワーク側で行われるのが計画と指示で、機器側で行われるのが制御である。

　これまではネットワーク側と機器側の機能がつながっておらず、つなげたとしても必ずしも使い勝手の良いものとは言えなかった。それがコンピュータの性能の飛躍的向上とそれと連動したAIの運用性能の向上で計画・指示・制御の一連のプロセスが革新されつつある。この際、重要になるのは二つの点だ。

　一つは、最適化計算の前処理と評価にAIを集中することだ。従来、最適化を行うには、最適化のモデルと評価関数を作り、評価関数が最大化するようにモデルのパラメータを調整する計算を行い、調整の方向や収束の速度などを人が評価する、というプロセスが取られてきた。例えば、工場における製品納期とエネルギー消費量を最小化する生産計画を立案・運用するには、1日の生産目標に応じて、何時にどの設備でどのロットを加工するかを綿密に決める必要がある。ここでAIを用いることで全体のプロセスを革新できる。工場の操業のモデルづくりには、5)で示したように、調整の方向性や収束の速度評価などに対する熟練技術者のノウハウをAIに学習させるという方法。最適化計算の前後の部分がAIで自動化されることで、最適化の設計・調整作業のサイクルに人が関与しなくなり、全体プロセスが高速化していく。

もう一つは、最適化問題を解くことができる能力を持った計算機の開発である。この点については量子コンピュータや最適化問題に特化したコンピュータの開発が進んでいる。
　最適化技術はニューラルネットワークの学習を行う際のアルゴリズムにも使われており、AIと連動しながら進化している。AIが問題の解決方法を分析するに際して、AI自身が問題の設定も行う、というポジティブフィードバックが、AIの性能を自律的に高めていく。

## 7）制御

　制御には二つの発展の方向がある。一つは、自動車分野で紹介したAIによる制御の学習である。もう一つは、コンピュータで計算された制御を機器の動作に変換するための組み込みシステムだ。
　AIを用いた制御の学習は1990年代に大きく進歩し、現在では対象にできる情報の種類が格段に増加した。以前は、自動車の速度と道路の曲がり具合を与件として、熟練ドライバーのブレーキ操作やハンドル操作を学習する、などの手法が取られてきた。これに対し、最近では、標識、歩行者、他の車両など多種多様な情報の下で、熟練ドライバーがどのように運転したかを学習することができるようになっている。AIが実際に公道を走る熟練ドライバーレベルの制御ノウハウを獲得しつつあるとされる。
　一方の組み込みシステムとは、高度な制御や画像認識などができるCPUやGPUを搭載したマイクロコンピュータのことで、ここ数年の急速なSoCの進歩と、英ARMによる簡易なアーキテクチャーのデファクトスタンダード化で開発スピードが上がり急速に発展した。これによってスマートフォンへの組み込みシステムが家電などの制御装置と連動して機能が多様化した。機器を制御するには端末側の操作にリアルタイム

で作動する高い反応性が求められる。家電やヘルスケア用製品の小型の機器がスマートフォンで操作できるようになったのは、制御用マイコンが複数のCPUに対して1千〜1万分の1秒の制御周期で出力できるようになったからだ。最近では、機器の動作をオンラインで学習し、制御のための演算を並行して行える組み込みシステムも登場し、離れた機器を手足のように制御できるようになっている。

## 8）実行

　IoTの全てのプロセスで技術革新が進み、コンピュータ上での操作と現実の世界が一体となることで、三つの方向性が顕著になる。

　一つ目は、自動車、建機などをベテラン運転者のような技術で操作できるようになることである。これにより、運転に自信の無い人や初心者でも安心して自動運転車や建機を運転できるようになる。

　二つ目は、コンピュータ上で計画した操作を実行するための動作装置（アクチュエータ）として様々なロボットが登場することである。従来、ロボットは建設や工場生産などの現場の作業の一部をこなすために作られてきたが、これからはコンピュータ上で計画された一まとまりの仕事をこなす様々なロボットが作られるようになる。コミュニケーションロボットなどはその典型だ。こうしたロボットをAIのフィジカルデバイスと呼ぶこともある。ロボットが、AIが想定したことの実現手段となれば、IoTの発達で社会的に大きな位置を占めるようになる。

　三つ目は、機器単体ではなく、情報サービスと一体となった製品が一般的になることである。情報サービスが付いた製品はこれまでもあったが、機器と情報が一体となって価値を発揮するIoT時代の製品とは異なる。これにより企業は製品の企画、設計、生産、サービス供給体制を再構築することに加え、新たなサービスの仕組みも考えなくてはならなく

なる。例えば、機器は利用に応じて価値を発揮するようになるので、サービスにどのように課金し、サービスをサポートする企業の間でどのように利益やコストをシェアするかを考えなくてはならない。企業は製品と情報が一体となったサービスのために、どのようなエコシステムを形成するかが問われることになる。

## 技術サプライチェーンが作り出す新たな価値

　以上見てきたように、IoTは「データ取得」⇒「データ処理」⇒「通信・ネットワーク」⇒「電源」⇒「データ分析」⇒「計画・指示」⇒「制御」⇒「実行」という技術サプライチェーンに支えられている。

　重要なのは、技術サプライチェーンの個々のプロセスが互いに影響を及ぼしあいながら発展の連鎖を生んでいるということだ。そこには価値連鎖と自律的な技術進化という産業革命のようなイノベーションの循環が見られる。

　例えば、データを起点としたデジタルツインのようなシミュレーション技術が「データ分析」を革新し、「計画・指示」が最適化され、「制御」の核技術であるLSIの設計、開発、製造を飛躍的に発展させる。その結果生み出されるSoCや超細線化されたMEMSによって、センサーがより高精度になり「データ取得」がより広範となり、センサーの「電源」の性能も上がる。同時にSoCの高度設計技術やネットワークのシミュレーション技術によって「データ処理」、「通信・ネットワーク」が高度化し、データ分析のためのモデルの精度が上がる、というダイナミックな正の循環構造だ。

　これこそがIoTが全ての産業の原動力となる根拠だ。（**図表2-3**）

　こうしたダイナミックな好循環に合わせて自らを変革した企業は、同じ様に変革を果たした企業との連携を強め次世代産業のバリューチェー

図表2-3　技術サプライチェーンによる価値向上と市場創出の構造

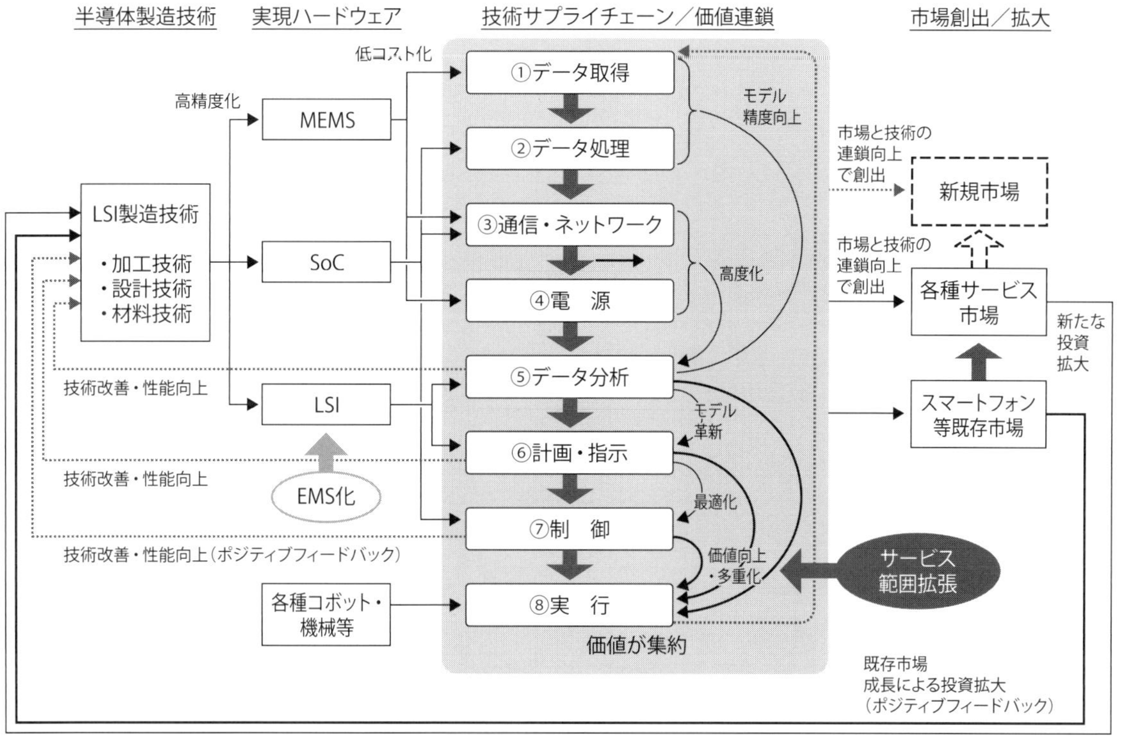

### 図表2-4 技術サプライチェーンによる価値向上と市場創出の概略構造

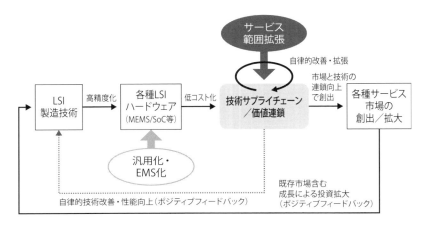

 ンのメンバーとなることができる。既に、一部にはデファクトスタンダードとなり得る技術を供給する企業も生まれている。
 この構造を簡略化すると**図表2-4**のようになる。技術サプライチェーンによって、サービスが生み出され、LSIの製造技術が自律的に改善を続け、改善されたLSIがセンサーや高度演算ハードウエアの性能を高め、サービスによって生み出された付加価値が新たな投資を呼び込み、サプライチェーンが進化するという仕組みがある。
 次節では、バリューチェーンの核となる技術を供給する企業マップを示すこととする。

## 2 機能毎に見たIoT企業の活躍

### データ取得

　データを取得するセンサーには様々な種類がある。近年、技術革新によって特に市場が成長し、変化しているのは、画像センサー、レーダーセンサー、モーション等の汎用のセンサー、GPS、ヘルスケア向けのセンサー、電力計等である。

　画像センサーでリードするのがソニーである。CMOS化でリードし、スマートフォンで事業を拡大したソニーは、2016年度に市場シェア45%を獲得し、2位サムスン電子21%、3位オムニビジョン・テクノロジーズ12%を大きく引き離している。CMOS市場の規模は今や1兆円を上回る。これまではスマートフォン向けの需要が圧倒的に大きかったが、2017年にはロボットなどで利用される画像センサーを商品化、車載用の740万画素の高解像度画像センサーを商品化するなど、スマートフォン依存からの脱却を図っている。

　レーダーセンサーの市場は、移動ロボットの目として急拡大している。グーグルが自動運転で採用して注目を集めたのはベロダインのLidarであるが、可動部があるため高い精度のもので600万円程度、簡易型で130万円程度する。2018年1月には、価格を半分に落とす方針が示された。簡易型であれば80万円程度になる。一方、現在、MEMS技術を活用して可動部を取り除いた低価格型LiDARを販売する動きが加速している。代表的企業であるパイオニアは2022年には1万円程度の製品を量産する方針を示している。

　ミリ波レーダーはグローバル市場ではボッシュ、コンチネンタル、国内ではデンソー等が積極的に開発を進めている。デンソーは2017年10月にCMOS化で差別化された技術を持つ富士通テンを傘下に入れ国内では圧倒的なポジションを確保した。画像センサーに比べてデータ量が

格段に少なく、周辺の障害物との距離の精度が高いことから画像センサーとの組み合わせに適している。ただし、Lidarの価格が低下すれば、ミリ波レーダーを活用するインセンティブは低下する。二つの技術のせめぎ合いから目が離せない。

　加速度センサー等のMEMSセンサーには多くの企業が参入しているが、中でもアナログ・デバイセズ、デンソー、村田製作所、TDK、アルプス電気等のシェアが大きい。1991年に世界初のMEMS加速度センサーを開発したアナログ・デバイセズは高精度機能でリードしており、村田製作所はスマートフォン向けのデバイスで高いシェアを保っている。

　位置検出を行うGNSS市場ではトプコンなどがいるが、市場の変化が大きい。国内ではマゼランシステムがRTK-GNSS、マルチGNSSなどの製品の価格をこの1、2年で十分の一ずつ下げる見通しだ。また、ブロードコムは、GPSでも数十cmの精度を実現するチップを開発している。これに対し、2017年8月には、ドイツのボッシュとGeo++、スイスのユーブロックスと三菱電機株式会社は、高精度GNSSのサービスを提供するサプコルダサービス社を共同で立ち上げた。

　ヘルスケア分野では血圧計、などでオムロンがリードする。活動量計はMEMS加速度センサーが主体となるが、その他、心拍数計、ショックセンサーなどの村田製作所のデバイスを用いてオムロン等が独自のセンサーを開発する動きもある。一方、新規開拓に積極的なベンチャー企業からIoTを使った血糖値測定用の製品が販売されている。血糖レベルを非侵襲型で測定するE3、侵襲型のセンサーを常時上腕に貼って血糖値をいつでもリーダーで読み取れる方式のアボットなどだ。

　電力計・スマートメーターは、国内では、大崎電気工業、富士電機、東芝、三菱電機などの大手が中心となっている。スマートメーターの市場は原則既存メーターとの代替需要であるため、市場の拡大は限定される。これに対して、工場や住宅内の配電盤等で複数の設備の電力をモニタリングする機器を取り扱うのが、オムロン、横河電機、富士電機等

だ。ただし、パソコン周辺機器を取り扱う中小メーカーなどが安価な製品を提供するようになっているため、大手メーカー製でも1カ所1、2万円程度の価格付けとなっている。

## データ処理

　現場での迅速な対応が求められるデータ処理については、組み込み型コンピュータの高度化が進んでいる。技術革新によって、現場での学習など、従来できなかった処理が可能になった。一方、従来、工場等で製品の位置決めや傷の認識などのために使われてきた汎用画像処理は自動車用の画像処理装置に比べて開発の進歩が遅い。こうした分野に対しては先行してコストダウンが進んだ自動車向けのデータ処理システムが横展開していく可能性が高まる。

　高度画像処理でリードするのが自動運転で注目されたモービルアイとエヌビディアである。現在データ処理でリアルタイム性と信頼性を最も厳しく求められるというのが自動車分野だ。時速40kmで走っていれば、車両が1秒間に11m進む状況下で、急な飛び出しなどの際に瞬時の判断が求められる。10分の1秒にも満たない時間内で、取得した画像の中から瞬時に障害物や標識などを割り出し操作に結びつけなければならない。

　エヌビディアはニューラルネットワークのような多量な並列計算を行うGPUに強みがある。もともと高解像度のゲーム機器の画像処理を行っていたが、ニューラルネットワークの演算特性に強みを持つことが明らかとなってからAIの中核企業となった。ディープラーニングの学習計算には、バイドゥ、グーグル、フェイスブック、マイクロソフト等がエヌビディアのGPUを利用している。AIに特化した計算能力により、自動運転で先頭を走るアウディのデータ処理システムにも採用され

ている。

　モービルアイも同じくニューラルネットワークを用いた画像処理システムを作る企業だが、こちらは主に学習済みのニューラルネットワークを用いる。処理を担うのは低価格、低消費電力で急成長するイマジネーションのマルチスレッド CPU だ。マルチスレッドは仮想的に並列処理を行うための仕組みだが、この技術を使ってモービルアイは2018年に発売予定の EyeQ5 で12TFLOPS の処理能力を実現している。2000年代の日本を代表するスーパーコンピュータの能力が40TFLOPS であることを考えると、驚異的な能力である。しかも、消費電力はスーパーコンピュータの百万分の一程度だ。これが、10万円程度の SoC に搭載されて画像処理しているのだから、まさに、エッジリッチデバイスといえる。モービルアイが、2017年にインテルの傘下に入ったことで、CPU 供給の動向からますます目が離せなくなった。

　店舗の管理などで人の顔を認識する技術も進化している。国内では NEC がリードしている。携帯電話の顔認証や、ユニバーサルスタジオジャパンの入場ゲートの顔パスなど、様々な用途で活用されている。海外では、アマゾンなどの大手が取り組む一方、中国のベンチャー企業メグビーは顔認証で決済ができるシステムを開発し大手企業へ迫る勢いだ。

## 通信・ネットワーク

　通信・ネットワークの機能は、無線を中心に、通信距離によって短距離、中距離、長距離の3種類、さらに通信容量と消費電力の大きいものと小さいものに類型化される。近年の技術革新によって特に、短距離、中距離、また、消費電力が小さい通信方式が発達している。この他、工場の機器の通信を簡易にする方式などの開発が進んでいる。

　LPWA（低消費電力、長距離）では、SIGFOX を国内で独占展開する

京セラコミュニケーションシステムが先行した。ただし、まだ、東京23区、横浜市、川崎市、大阪市、などでのエリアしかカバーできていない。一方、LORA規格では国内のベンチャー、ソラコムが2017年2月にサービスを開始し、通信の月額料金が100円を切ることで話題的にも先行した。これに続き、ソフトバンク、NTT西日本などが導入準備を進めている。LORAのチップは村田製作所がグローバルに供給している。通信事業というベンチャー参入が難しい分野でも、ソラコムが存在感を出したことがこの市場のダイナミックさを示している。

中距離無線通信はスマートメーター市場の拡大に伴って成長した。スマートメーターの代表的な企業にはディジがある。スマートホームなどの短距離通信手段として導入が検討さているが、通信帯が2.4GHzであるため、日本国内では電波干渉などの課題が指摘されている。中距離無線通信のWi-SUN規格は、日本のスマートメーターの規格として開発されている。この規格を使ったスマートメーターの主要企業には、大崎電気工業、東芝、富士電機、三菱電機等がある。

工場等の産業用の通信ではネットワークとセンサーの増加を背景に、シスコ、シーメンス、横河電機、オムロンなど多数の企業が参入している。一方で、中小企業は機器とネットワークを一社のシステムで統合化できないことが多かった。近年では、従来大規模なITシステムに用いられてきたソフトウエアを使った仮想ネットワーク制御のためのSDN（Software-Defined Networking）技術が中小工場にも使われるようになり、NEC、アライドテレシスなどを中心に市場が動き始めている。工場のネットワークのオープン化とセキュリティ強化双方に効果があることから、新旧の設備が混在する中小工場のIoT化が後押しされる可能性がある。

## 電　源

　電源の種類は技術的に限られるが、近年新たな市場の生成が期待されている。特に期待されるのは、LiBや固体電池などの電池技術である。この他、太陽光、振動などのマイクロ発電技術、非接触給電技術などがある。

　現在、電池技術の主流はLiBでパナソニック等が中核となっている。センサーの電源にはボタン電池、ロボットの電源にはLiBを用いるのが一般的である。小型の電池では、村田製作所も蓄電性能と制御性に高い技術を有している。一方、最近になって、全個体電池の実用化が視野に入るようになり、プリント基板用の小型の技術を開発したTDK、自動車向け大容量向けの技術でリードするトヨタ、日立造船などが注目されている。固体電池はもともと大型のデバイスを均質に製造することが難しいとされていたが、超小型のIoT用デバイスであれば、早期の商品リリースが期待できる。

　マイクロ発電については、超小型太陽光発電のような自然エネルギー利用では富士通、マクニカ等、振動などの物理エネルギーではオムロン、村田製作所、パナソニック、ミツミ電機等が製品を開発している。一つ一つは小さな部品だが、今後のIoT市場の成長を考えて、大手企業が積極的に新型のデバイスを開発している。一方で、従来の産業構造で部品供給を担ってきた中小企業はもともと部品の供給能力が高い上、MEMSやSoCが身近になったことで大手にとっても侮れない存在となった。

　非接触給電する技術は、数cmと近距離の電磁誘導方式、電界結合方式、数mと遠距離の磁界共鳴方式、電波受信方式などがある。TDKは、遠距離に給電できるが効率が悪い磁界共鳴方式の開発を進め、効率を改善して商品化を成功させている。ロームも積極的に開発を進めている。青色発光ダイオードでノーベル賞を受賞した名古屋大学の天野教授は、

2021年には飛行中の小型ドローンに給電する技術開発を進めている。

## データ分析

　データ分析は、コンピュータの計算能力の向上、クラウド化による分散処理の拡大によって急速に発展した。複数の分析を自動的に走らせて、モデルの精度を評価し、組み合わせて利用する手法が向上し続けている。プラットフォーム上にデータを蓄積し、その特長やパターン、関係性を見出して推論や予測を行う。

　プラットフォームは、IoTの中核となるAIを用いたCPSの機能と、既に一般化している統計解析、データマイニングなどのBI（Business Intelligence）機能を併せ持つ。従来のビッグデータ分析と異なるのは、これまではECやPOSのマーケットデータなど、商品の属性や情報が中心だったのに対して、センサーから収集された大量の物理的なデータを扱うことで、信号処理の要素が増した点だ。こうなると、従来のデータサイエンティストの能力だけでは情報を適切に利用できなくなる。IoTの情報を適切に扱うには、センサーが取り付けられているモノの特性を知らなくてはならないからだ。

　そこでモノ側のエンジニアリング能力とデータ抽出能力も併せ持つ人材が必要となる。故障診断を行う場合は、センサーから収集したデータを時系列分析、周波数分析にかけ、データの特徴を数値化しパターン分析などを行う。これにより、どのような原因で、いつ頃どのような課題が発生し、それが事業等にどのような影響を与えるかを連続的にシミュレーションすることができる。こうした技術は、データプラットフォームと連携して、収集したデータをリアルタイムに分析するIoTプラットフォームの中核として発達している。

　データ分析の分野で物理的特性を含めたCPSを志向する企業には、

アップル、グーグル、アマゾン、GE、シスコ、日立等がある。いずれもIoT時代の中心になると見込まれる有力企業である。スマートフォンやスマートスピーカーなど人が発する情報を吸い上げる端末を中心に事業を拡大しているのがアップル、グーグル、アマゾンである。この中で、アマゾンはキバシステム等と連携して倉庫を管理する台車ロボットを実装し、IoTのバリューチェーンをいち早く築いた点で、モノと情報の連携で一歩リードしている。その中核となるのが、クラウドシステムAWSとAWS IoTアナリティクス、AIツールアレクサだ。IoTの中核となっているシステムでクラウドサービスでもトップを走る。顧客側でIoTソリューションを設計するための利用環境を提供しているとも言える。

これに対し、GEや日立は、自社のユースケースを用いてデータ分析、モデル化のプラットフォームを構築し、得られた技術、ノウハウを顧客の現場へ横展開する、という顧客との協創によるソリューションの実現を目指している。日立は社内に製造業とSIを併せ持つ強みを生かしたIoTプラットフォーム、ルマーダを軸とした事業展開を指向している。この他、日本ではコマツのオープンプラットフォームを運営するベンチャー、オプティム、工場の設備やロボットを管理するファナックなどが注目される。

BIツールなど、従来のICTの延長でIoT向けクラウドサービスの提供を指向する企業には、マイクロソフト、アイ・ビー・エムなどがある。データの収集、分析のフローで見ると、現場から上がってきたデータを活用する上流側のプラットフォームということができる。マイクロソフトが提供するAzure IoTプラットフォームは、使い慣れたアプリケーションフォーマットで豊富なBIツールを利用できることがシェア拡大につながっている。アイ・ビー・エムは、ワトソンIoTクラウドで、AI機能を活かした事業の拡大を図っている。

## 計画・指示

　計画・指示のプロセスでは、データ分析の結果を踏まえて分析対象となるシステムの最適化を行い、実施計画を策定して現場に指示を出す。生産工場、インフラ、プラント・設備の分野で多数の機器を最適に動作させるために欠かせない機能である。前項のデータ分析は、データのネットワーク側だけで事業を展開することもできるのに対して、最適計画は工場、インフラ、設備という実世界とネットワークとの接続境界点となる機能である。最適計画の策定は実世界を十分把握していることが前提だ。こうしたCPSの実行段階との接続機能はインダストリー4.0の領域で活躍する企業が提供している。

　最適計画の立案には、企業経営の意思決定のシステムと工場の現場管理システムを連携させる必要がある。この分野でリードするのがSAPである。SAPはドイツのインダストリー4.0の中核企業として、ERP（Enterprise Resources Planning）を工場運営と一体化させることでサプライチェーンを一新するサービスを提供している。第4世代のERPであるHANAでは、IoT向けのシステムとしてデータの連携性を高め、オンライントランザクションとオンラインアナリティクスによって取引と工場の計画を連動させ、経営と生産を一体化しようとしている。インダストリー4.0では、計画・指示の後工程で現場側が受けた指示に基づいて工場内のロボットを作動させることも視野に入れている。

　設備の稼働状況をモニタリング、分析した結果に基づいてサービスを計画・指示する機能を有するのがGEのPrdeixだ。ジェットエンジンのところでは、ジェットエンジンの故障を事前に予知して必要な作業を計画し、飛行機が空港に到着する前に関係企業、関係者に指示したり、航空機の航路と診断結果の情報から最適な航路計画を策定する事例を示した。

　分析から最適計画までをオフラインで策定するサービス、システムを

提供する企業も多数ある。国内では、NEC、富士通、三菱電機、オムロン、東芝などだ。オフラインの最適化システムは、システム側で策定した最適計画を人間を介して工場に実装することを基本思想としている。従来、工場は各企業の熟練管理者によって、柔軟かつ高品質に管理運営されてきたため、外部のシステム会社が管理や品質向上に関わることは難しかった。しかし、IoTによって熟練管理者の目の一部が代替されるようになり、現場がオンライン化の効果を実感し始めている。こうした評価が広がっていけば、オフラインのサービスがオンラインに移行していくことも考えられる。

## 制　御

　最適計画にしたがって現場のモノを動かすには設備や機械の制御が必要だ。近年、組み込みシステムの革新によって、自動運転車、無人ダンプなどを含めたロボット制御、工場設備の制御等が発展している。

　その中で、学習しながら制御する機能を持った組み込みシステムを商品化したのがエヌビディアである。これにより自動車やロボットは走行しながら、実際の環境に合わせた制御を学習できるようになった。エヌビディアのGPUを用いた組み込みシステム「ジェットソン」は2015年には3万円程度で市場投入され普及している。イマジネーションもディープニューラルネットワーク（DNN）の高速演算を行う組み込みシステムの開発を進めているが、現状では学習済みのDNNの組み込みに留まっている。

　国内では、三菱電機が組み込み上での学習アルゴリズムを開発、ルネサスがディープラーニング可能な組み込み向けの開発環境の提供を開始した。ソニーなども開発を進めている。

　こうした高度な組み込みシステムを使って、自動車会社は自動運転の

制御機能を高めている。

　自動車には及ばないが、コマツ、クボタなども画像情報や位置情報をもとに、自律的に走行制御できる建機やトラクターを開発した。

　一方、制御アルゴリズムでは、ROS（Robot Operating System）の導入によってソフトウエア開発のスピードアップと標準化が進んだ。ROSはロボットのみならず、各種の組み込みシステムのセンサーやモーター等を計測制御するオープンソースソフトウエアである。従来は研究開発用途で使用されていたが、2017年末に商用利用可能なROS2がリリースされた。現状ではROS2を使ったアプリケーションで突出している企業はいないが、2018年には多数の企業が参入するだろう。

　工場、発電プラント、設備管理等のIoT化は急速に進んでいる。グローバルではGE、マイクロソフト、シーメンス、シスコ等が、国内では日立、NEC、三菱電機、東芝、ファナック、オムロン、キヤノン、コニカミノルタ、横河電機など、制御システムに関わるほとんどの企業がIoTを中核事業と定めている。

　実際の工場を動かすには、オンラインかつリアルタイムの管理が必要になる。しかも、百分の一秒以下の精度の常時監視、それに十分の一秒以下の制御速度が求められる。IoTのシステムの実現には、リアルの世界でのこうしたスピードを求められることが、アマゾン、グーグル、マイクロソフトなどのクラウド型サービサーの参入を難しくしていた。処理をクラウド側に吸い上げると、制御の周期が数秒かかってしまうからだ。ところが、2017年にマイクロソフトは現場側の処理性能を高める「エッジコンピューティング」の導入を開始した。制御をクラウド側だけで行わず、スピードが必要な処理は現場で行うという制御の分業を図ったのである。こうした動きは、工場だけでなく、ロボットや設備のリアルタイム制御でも進むようになるだろう。市場構造で見ると、クラウド側サービサーの現場への進出と捉えることができる。

　クラウド側サービサーと制御システムメーカーの競争は、SDN

(Software-Defined Networking)／NFV（Network Function Virtualization）といったネットワークの仮想化によって加速する。仮想化技術はIoT化した際のセキュリティ対策として始まったが、仮想化されたシステムが機器への接続性を高めると、機器を通じた囲い込み効果が低下するという副作用が生じる。現在は、従来からの制御システムメーカーが中心となって工場等のIoT化を進めているが、仮想化が進めば、機器ごとの分散制御から、一定の区画ごとにエッジコンピュータを導入し、通信を仮想化して統合制御することが可能になる。こうなると長年かかって積み上げられてきた制御システムの市場が切り崩される。仮想化に力を入れている企業は、NEC、シスコ、CTCなど多数がいるから市場構造が変わる可能性は低くない。

## 実 行

最適計画の実行の方法としては、最適計画に基づく制御を行うハードウエアの提供、システムと一体化したサービスの提供等、様々な形態がある。現在、技術革新とビジネスモデル革新が先行しているのは、自動運転車、各種ロボット、モニタリングと一体になった設備診断のサービス事業等である。

自動運転には、アウディ等の大手自動車メーカー、グーグルやアップルなどのIT企業、コマツやクボタなど専用用途の車両を開発するメーカーなどが参入している。自動運転は車両の開発のみならず、新たなサービス開発の起点となって、一般住民、地域、企業、等の移動手段とそれに付随したサービスへと拡大していく。

AI等を活用したロボット開発企業の代表例としてアマゾンの倉庫管理ロボットを開発したキバシステム（現、アマゾンロボティクス）がある。キバシステムは、2003年に創業した自律搬送台車のロボットベン

チャーだが、2012年にアマゾンに約8億ドルで買収された。搬送台車ロボットは、アマゾンに続き、パナソニック、日立、オムロン、日本電産、ダイヘン、村田機械、サイバーダインなど多数の企業がリリースしており、現状ロボットの主戦場となっている。

ロボットとして成長著しいのはドローンだ。ドローンはフランスのパロットがホビー用として開発した後、中国のDJI、米国のアマゾン、サイファイワークス、日本では、ソニーとZMPの合弁会社であるエアロセンス、エンルート、プロドローンなどが実務向けの商品を開発してきた。

コミュニケーションロボットのサプライヤーとしては、Pepperを展開するソフトバンクロボティクス、NAOのアルデバランロボティクス（現在、ソフトバンク傘下）、SOTAのヴイストンなどがある。コミュニケーションロボット分野では、ソフトバンクがリードする中、中小のベンチャーが存在感を高めている。

ドローンやコミュニケーションロボット分野は、確実な成長が見込まれる分野で、ロボットベンチャーなどによる早期の事業の立ち上げが期待されている。

IoTを使って従来のモノ売りからサービス売りに転じる企業も増えている。これまでもIoTビジネスとして発達してきたのが複写機のサービスだ。複写機の状態をモニタリングしてメンテナンス時期を管理するなどのオペレーションシステムや印刷枚数ごとの課金などの事業モデルを開発してきた。コニカミノルタ、キャノン、富士ゼロックス、リコーなどの複写機企業はIoTを重要戦略と位置づけ先行の優位性を活かそうとしている。

この他、フィリップスはIoTを使った照明サービス、ミシュランは走行距離に応じたタイヤ課金などを行っている。サービスと販売を一体にした上でアウトプットについて課金するモデルの代表例である。ブリジストンも、ラック向けのタイヤモニタリングサービスとメンテナンス

サービスを開始したが、現時点では距離課金には至っていない。アウトプット型サービスは、顧客にとってメリットが大きく納得感が高いだけに、導入された分野ではビジネスモデルが大きく変わる可能性がある。

第3章

# 2025年のIot市場構造

# 1 IoT市場の勢力マップ―IoT市場の7つの主戦場

## 技術サプライチェーンに見るIoT市場の勢力構造

　第2章では、技術サプライチェーンの構成要素ごとに企業の役割を示した。しかし、IoTの市場が技術サプライチェーンの構成要素に沿って発展する訳ではない。また、全ての産業分野を横断的に席巻する市場が生まれるということでもない。

　IoTの市場は、革新技術開発を行う機能セグメントを中心として発展する。それが、どの産業分野のどの技術サプライチェーンの構成要素で発展するかが問題になるのだ。こうした発展の構図を産業分野と技術サプライチェーンの構成要素のマトリックスでイメージし、把握しなくてはならない。その関係を図示したのが**図表3-1**であり、以下の7つの注目すべき機能セグメントだ。

①自動車を中心に、高解像度化・低コスト化した画像センサー、レーザーセンサーやAIを活用した高度な画像認識処理を行う「**高度画像センシング**」。
②家電、不動産で、WEBカメラ、モーションセンサー等を活用したセンサーフュージョンを生活に密着し、低価格で提供する「**汎用センシング**」。
③工場などの機器、制御システム、通信機器等の「**既存機器の標準ネットワーク**」。
④通信から分析、計画、制御の技術サプライチェーンが連結することで構築される「**一体型市場**」。
⑤インフラや不動産へのセンサーの大量設置により近距離、安価な通信基盤を提供する「**汎用IoT通信**」。
⑥リアルタイムの情報分析、学習、ビッグデータ分析の需要が拡大す

る「IcTプラットフォーム」。
⑦ジェットエンジンやプラントなどの高度モニタリングと統合分析による「インダストリー4.0」である。

以下、各々の機能セグメントの動向を見てみよう。

## 高度画像センシング

　画像センサーと画像処理技術はIoTの中核技術であり、今後も発展を続ける。自動運転、農業、建設の分野で先行して導入されているシステムは、今後様々な分野に普及していく。

　自動運転で高度画像センサーのデータを利用するには、道路上の車両や通行者、自転車、右折する際には右折方向の道路や対向車線上の車両などを認識し、距離の測定、移動先の予測などを行う必要がある。こうした処理のための高解像度の画像センサーとデータ処理の組み合わせ技術は急速に性能向上とコストダウンが進んでいる。

　その背景には、「半導体センサーの緻密化と高集積化・性能当たりのコストダウン」、「大量のセンサー情報をリアルタイムで処理するGPUの普及」、「SoCなどの高度分析デバイスの性能向上とコストダウンが技術の成長を後押しし続ける構造」（図表2-1-3参照）、がある。先述したように、自律ロボットがAIと「目」を持つことで、爆発的な進化を遂げる可能性がある。ロボット、AI、画像センサーの組み合わせはIoTの縮図と言える構成である。そこには、高度分析デバイスがロボットを進化させ、ロボットがSoCの緻密化を後押しする自律的発展（ポジティブフィードバック）の構造を内包しているからだ。

　これまで幾度となく、半導体の高集積化の限界が指摘されてきたが、二次元から三次元に拡張するなどで限界を乗り越えてきた。今後も、量子コンピュータなどのブレークスルー技術候補が控えている。これを

第3章 2025年のIoT市場構造

図表3-1　業種・技術サプライチェーン

| | 自動車 | 農業 | 建設 | インフラ | 不動産 |
|---|---|---|---|---|---|
| ①データ取得<br>（センサ） | （画像センサ）<br>ソニー、オン・セミコンダクタ、オムニビジョン等<br>（レーダ）<br>ボッシュ、アナログデバイセズ、デンソー、パイオニア等<br>（設計）<br>ARM、AMD等 | （画像センサ）<br>ソニー<br>（マルチスペクトル画像センサ）<br>パロット等<br>（GPS）<br>ユーブロックス、ブロードコム、マゼラン等<br>（設計）<br>ARM、AMD等 | （画像センサ）<br>ソニー、オン・セミコンダクタ、オムニビジョン等<br>（レーダ）<br>ボッシュ、アナログデバイセズ、デンソー等<br>（設計）<br>ARM、AMD等 | （振動等）<br>村田製作所、オムロン、TDK、アルプス電気、日立、ローム、NEC等<br>（画像センサ）<br>ソニー、パナソニック、キャノン等 | （画像センサ）<br>ソニー、パナソニック、キャノン等<br>（温湿度、照度等）<br>村田製作所、アルプス電気等 |
| ②データ処理<br>（加工・認識） | （画像処理）<br>エヌビディア、イマジネーションテクノロジーズ、クアルコム、コンチネンタル、東芝 | （画像処理）<br>エヌビディア、DJI等<br>（GPS）<br>ユーブロックス、ブロードコム、マゼラン等 | （画像処理）<br>エヌビディア、DJI、アンバレラ、ソシオネクス<br>**高度画像センシング** | （画像処理）<br>DJI、アンバレラ、ソシオネクスト等 | （画像処理）<br>日立、パナソニック、シャープ等 |
| ③通信・<br>ネットワーク | （携帯通信）<br>NTTドコモ、ソフトバンク、KDDI等 | （携帯通信）<br>ソフトバンク、NTTドコモ等<br>（LPWA）<br>ソフトバンク、NTTドコモ等 | （携帯通信）<br>NTTドコモ等 | （近距離無線通信）、ディジィ等<br>（LPWA）<br>NTTドコモ、KDDI、ソフトバンク、ソラコム等 | （近距離無線通信）、ディジィ等<br>（LPWA）<br>NTTドコモ、KDDI、ソフトバンク、ソラコム等 |
| ④電源供給／<br>バッテリー | （LiB）<br>パナソニック等 | （LiB）<br>パナソニック等 | （各種発電、回生ブレーキ等）<br>コマツ等<br>（電池）<br>パナソニック等<br>**市場一体化** | （振動発電等）<br>オムロン、村田製作所、パナソニック等<br>（太陽光発電）<br>富士通、マクニカ等 | ― |
| ⑤分析 | （地図等）<br>ウェイモ、インテル、ヒア等 | （分析PF）<br>クボタ、日立、オプティム等 | （分析PF）<br>コマツ、NTTドコモ、SAP、オプティム等 | （分析PF）<br>マイクロソフト、アマゾン、グーグル、オラクル等 | （分析PF）<br>マイクロソフト、アマゾン、グーグル、オラクル等 |
| ⑥計画・指示 | （地図・経路計画）エヌビディア、モービルアイ等 | （情報管理・計画PF）クボタ、オプティム等 | （情報管理・計画）コマツ等 | （計画PF）<br>マイクロソフト、アマゾン、オラクル等 | ―<br>**IoTプラットフォーム** |
| ⑦制御・<br>組み込み | （オートクルージング制御等）エヌビディア等 | （ロボット制御）クボタ、オプティム等 | （ロボット運転制御）コマツ、ZMP等 | ― | ― |
| ⑧実行・稼働<br>（製品） | （自動車）<br>ベンツ、アウディ、トヨタ、日産、ホンダ等 | （農機・ロボット）クボタ、ヤンマー、ホンダ、オプティム等 | （ダンプ、建設ロボット）コマツ、オプティム等 | （各種インフラ）<br>清水建設、鹿島建設、等 | （各種不動産）<br>積水ハウス、ダイワハウス、等 |

## ごとのIoT関連技術をリードする企業

| 家電 | 流通・サービス | ヘルスケア | エネルギー | プラント・設備管理 | 工場・製造業 |
|---|---|---|---|---|---|
| (振動等)村田製作所、オムロン、TDK、アルプス電気、日立、ローム、NEC等<br>(画像センサ)ソニー、パナソニック、キャノン等 | (ICタグ)東芝、大日本印刷、凸版印刷(加速度等)村田製作所、パナソニック等<br>(画像センサ)ソニー、パナソニック、キャノン等 | (心拍等)オムロン、セイコーエプソン、タニタ、ユニ・チャーム等<br>(画像センサ)ソニー、パナソニック、キャノン等 | (スマートメータ)大崎電気工業、富士電機、東芝、三菱電機等<br>(汎用電力計)オムロン、横河電機、富士電機等 | (振動、導電率センサ)NEC、日立、東芝、横河電機、パナソニック等 | (産業センサ)横河電機、キーエンス、ハネウェル、オムロン等<br>(画像センサ)バスラー、ソニー、アプティナ等 |
| (画像処理)日立、パナソニック、シャープ等 | (画像処理)NEC、DJI、アンバレラ等 | (画像処理)エヌビディア、日立、キャノン、コニカミノルタ等 | — | — | (画像処理)オムロン、コグネックス、アバールデータ、キャノン、キーエンス等 |
| **汎用センシング** | | | **既存機器のネットワーク標準化** | | |
| (近距離無線通信)、ディジィ等(LPWA)NTTドコモ、KDDI、ソフトバンク、ソラコム等 | (無線ICタグ)大日本印刷、凸版印刷、村田製作所等<br>(近距離無線通信)、ディジィ等 | (近距離無線通信)、ディジィ等(LPWA)NTTドコモ、KDDI、ソフトバンク、ソラコム等 | (Wi-SUN)大崎電気、東芝、三菱電機等<br>(制御仮想化)日立、富士通、NEC、横河電機 | (産業用通信)シスコ、シーメンス等<br>(制御仮想化)日立、富士通、NEC、ミドクラ等 | (産業用通信)シスコ、シーメンス等<br>(制御仮想化)日立、富士通、NEC、ミドクラ等 |
| — | (振動発電等)オムロン、村田製作所、パナソニック等<br>(太陽光発電)富士通、マクニカ等 | (振動発電等)オムロン、村田製作所、パナソニック等<br>(太陽光発電)富士通、マクニカ等 | | | |
| **汎用・安価なIoT通信** | | | **インダストリー4.0** | | |
| (分析PF)日立、アマゾン、グーグル、東芝、NEC、オムロン等 | (分析PF)マイクロソフト、アマゾン、グーグル、オラクル等 | (分析PF)オムロン、オプティム、アマゾン、グーグル等 | (分析PF)日立、GE、シーメンス等 | (分析PF)GE、SAP、シーメンス、日立、三菱電機等 | (分析PF)SAP、シーメンス、GE、日立、三菱電機等 |
| (計画PF)日立、東芝、NEC、オムロン等 | (計画PF)マイクロソフト、アマゾン、オラクル等 | (計画PF)マイクロソフト、アマゾン、オラクル等 | (計画PF)日立SAP、シーメンス、GE、三菱電機等 | (計画PF)GE、SAP、シーメンス、日立、三菱電機等 | (計画PF)SAP、シーメンス、GE、日立、三菱電機等 |
| — | — | — | (制御PF)日立、東芝SAP、シーメンス、GE、横河電機等 | (制御PF)GE、SAP、シーメンス、日立、横河電機等 | (制御PF)SAP、シーメンス、GE、日立、横河電機等 |
| (各種家電)パナソニック、ソニー、日立、等 | (各種流通・サービス)アマゾン、楽天等 | (各種小型機器)オムロン、セイコーエプソン、等 | (エネルギー関連)シーメンス、GE、日立、東芝等 | (設備関連)GE、日立、東芝、シーメンス、三菱電機等 | (製造業)シーメンス、GE、日立、東芝、三菱電機等 |

使ったシミュレーションモデルができ、計算機の能力をフルに活用した技術開発が進めば、当分の間、コンピュータの性能は継続的に発展していく。

　こうした技術を使った商品をこの市場をリードする事業者が投入していけば、市場は旺盛な発展を続ける。エヌビディア、ソニーなどは中核企業の有力候補だ。

　エヌビディアは、ゲーム機のような安価な製品向けの高性能GPUを開発してきた。GPUの並列処理特性が高速計算を行うHPC（High Performance Computer）に適していること、並列計算特性がニューラルネットの並列処理特性に合っていること、からグラフィック以外の用途が急拡大した。今やクラウドサーバー搭載のGPUプロセッサの大手となり、インテルを脅かすまでの存在となった。安価な市場で培われた技術を高性能化させ市場を席巻する戦略はコンピュータ市場の常套手段でもあり、今後も確実に成長していくだろう。

　ただし、あまりに一極集中化すると市場が硬直化するので、この分野が旺盛な発展を続けるどうかは複数企業による競争環境が維持されるかどうかにかかっている。エヌビディアの競合企業には、インテルと連携してゲーム機のGPUを開発してきたAMD、スマートフォンのGPU市場で存在感を示してきたARM、クアルコムなどがおり、近年では、ゲーム機向けデバイスの性能を超える製品を開発している。スマートフォン市場はゲーム機市場に比べて技術改変の速度が速いため、市場の技術革新をリードする可能性もある。自動車やロボットの組み込みデータ処理技術としてさらに低コスト化、高性能化を進めることで、技術の発展を求める市場が拡大する。新たな企業の台頭、参入が期待される。

## 汎用センシング

　この領域では、進化を続けるMEMSを使った半導体技術によりセンサーの小型化、低価格化が加速する。その上で、多数のセンサーの情報を集約するセンサーフュージョン技術で市場が拡大する。このため、自律的な発展を続ける半導体技術を用いて、分析サービスに必要なセンサーをいかに多く開発できるかが問われるようになる。

　インフラ、不動産、家電、流通・サービス、ヘルスケアなどでは、自動運転のように高速で緻密な画像認識を行う必要はないが、店舗等でユーザーの顔を認識し、留守宅の防犯管理程度の処理をするための安価な画像処理を行う必要がある。ここでは、画像センサーのみならず、心拍計、モーションセンサー、音、振動、照度などが用いられる。多数のセンサーを使うことで、単一情報を用いた制御や情報認識に比べて、対象物や人の状況をきめ細かく把握することができる。このように、複数の情報を活用するには、MEMSと各種の回路をSoCとして一体化することで、センサーのコストを大幅に削減しなければならない。

　この領域では、多くの事業者の活躍が期待される。スマートフォンや自動車部品の市場でMEMS化を進めてきた村田製作所やオムロン、TDK、アルプス電気、日立、ローム、NECなどは、小型で安価なデバイスより市場を後押しするだろう。ICタグなどでは、標準的なデバイスの大量生産能力を持つ、東芝、大日本印刷、凸版印刷などの活躍が期待される。

　一方で、多様な分析需要に応えるために、MEMSを取り込んだSoCへのニーズも大きくなる。ここでは、多品種少量生産を安価にこなすためのMEMSの設計アプリケーションの高度化と製造の短時間化が求められる。MEMSの大手企業には、これまで培ってきた図面パターンをAIで分析・処理する高度設計技術を導入し、短時間製造が可能なMEMS向け3Dプリンターを導入することが期待される。こうした高機

能MEMSでは、現時点では日立製作所などの大手が先行するが、AIを用いた設計と製造が簡素化されると、低コストで小回りの利く中小企業が参入できる可能性も高まる。

## 既存機器の標準ネットワーク

　生産工場やプラントなどでは、工場全体の自動化や設備の制御、MESシステムなどを提供する企業が顧客フロントに立ってきた。このため、一度採用されると専用LANが構築され、他社の参入が難しくなる傾向があった。一方で、スマートメーター、制御システムなどは、製品の信頼性と共に安定した供給力が重要になるため、大手企業が中心となってきた。

　こうした設備、機器のネットワークの市場では、仮想化技術などによって機器の接続の自由度が高まると、囲い込みが解かれ、様々な計測機器、制御や管理、MESなどを導入できるようになり、中堅中小企業、ベンチャー企業の参入の機会が生まれる。従来からの制御や自動化のシステムの企業と新興の中堅中小企業などが競う群雄割拠の市場となる可能性がある。

　この領域の対象はジェットエンジンやプラントなどであるため、センサーなどのデバイスの選定では信頼性が優先される。通信制御についても標準化、高セキュリティ技術への期待が高い領域だ。こうした背景から、近年、設備間の通信の仮想化技術に参入する企業が増えている。大手企業では、日立、富士通、NEC、横河電機、シスコ、HP、ベンチャーでは、ビッグスイッチネットワークス、ミドクラなどだ。

　これらの企業の多くは、サーバーや工場等の通信環境整備において、ハードウエアとソフトウエアを一体的に提供してきたが、最近では、ユーザー側のIoT化推進のニーズに応えるために、ハードウエアとソフ

トウエアを切り離す仮想化技術に力を入れている。今後は、設備管理や工場などの環境がよりオープンになり、ソフトウエア専業のミドクラのように、ハードウエアに縛られずに、顧客にアプローチできるベンチャーなどが増えることが予想される。これにより、ネットワークの接続性が一層高まり、経営側、サプライチェーン上で関係する工場などとの連携が強まる。将来の市場を先取りするためには、自律的に発展する半導体技術やセンサー技術を製品に持続的にフィードバックできる仕組みを作ることが必要だ。

## 一体型市場

　顧客の事業の付加価値やユーザーの利便性を高めるサービス提供型の事業を確立しつつあるのが自動車、農業、建設の分野である。

　コマツは他企業に先駆けてKOMTRAXによるサービスを確立した。ここでは、建機を納入した後、継続的なメンテナンスサービスに加え、工事の進捗や建機の稼働率などの情報を提供するアプリケーションサービスを行っている。こうしたサービスを提供するには、建機と顧客を並行してサポートするために、リース会社、通信事業者、IoTプラットフォーム事業者などとの連携が必要になる。

　自動運転では、遠隔管理を行うだけでなく、通信が切れた自立状態でも安全な走行や作業を続けられる制御システムが必要となる。事故などによって第三者に影響を与える可能性があるため、システムの提供者が利用時まで一貫して関与する体制を確立することが望ましい。こうしたサービスには、技術を供給する企業だけでなく、保険なども含めた一体的な体制づくりが進む。

　農業では、自動運転トラクターや農業ロボットだけでなく、農場を管理するためのセンサーや制御装置、施肥や天候から育成状況を分析して

収穫等の作業計画を立案するソフトウエアなどを一体的に提供することでサービスの付加価値が向上する。

　これらの事業に共通するのは、ロボット等のハードウエア、センサー等のデバイス、分析・計画のソフトウエア、統合制御、あるいはファイナンスまでを含めた一体的なサービスを提供することで、顧客やユーザーの事業の付加価値や便益を高めようとすることだ。そうすることで、サービス、システム、センサーや機器が互いに改善を促し合うポジティブフィードバック構造が生まれ、全体システムとして自律的に成長することができるようになる。

　フィードバック構造を担うのは、長年ユーザーのフロントでユーザーをサポートしてきた自動車会社、建設現場の課題と向き合ってきた建設機械メーカー、農家の作業改善を担ってきた農機メーカーだろう。

　一方、ドローンなどの飛行ロボット、本書でも紹介した「DONKEY」のような地上走行型ロボットなどを顧客向けサービス重視で利用すれば、中堅中小企業やベンチャーも大企業中心の市場に割り込める可能性がある。

## 汎用IoT通信

　「汎用センシング」市場が拡大すると、従来から流通・サービスの一部で導入されてきた無線ICタグ等の領域と、インフラのモニタリングなど、これから新規に立ち上がる領域に市場が分かれることになる。

　これらの市場の特徴は、「汎用センシング」同様、インフラ、不動産、家電、流通・サービス、ヘルスケアなどの分野を横断する技術が標準化されていき、システム間の連携性が向上することだ。近距離無線通信やLPWAなどの技術が小型発電機、エナジーハーベスティング技術と組み合わされると、いたるところにセンサーを設置できるようになり市場

が広がる。国の目標通り2020年頃にICタグのコストが1円まで下がるようになれば、コンビニの無人レジの導入が始まり、2025年頃までには導入が完了するだろう。

インフラのデータ管理は、現状ガイドラインを定められるほどのデータが集まっていないので、普及は2020年以降となる。一方、不動産、家電、ヘルスケアなどの民生分野では一足早くサービスの導入が始まっている。

こうした市場では、携帯大手通信会社などが新規事業として参入するケースもあれば、ソラコムのように新興通信事業者の参入もある、というように新旧企業の競争が見られる。

ソラコムは複数のLPWA回線を統合管理するクラウドサービスを展開する企業である。通信とクラウドサービスを一体化し、大手には手が出しにくい小口需要を束ねることを狙っている。これまで、通信分野は中堅中小企業やベンチャーの参入が難しい市場だったが、サービスと一体化したIoT事業が実装段階に入ったことで、規模の小さい企業にも活路が拓けた。

ただし、この市場の拡大は汎用センシングの技術開発とコストダウンが進むことが条件となる。通信とサービスが一体となった市場と汎用センシングの市場が相互に影響し合う構造をいかに作れるかが問われることになる。

## IoTプラットフォーム

「汎用センシング」、「汎用IoT通信」を活用したサービスでは、AIを用いたデータ分析・計画を行うIoTプラットフォームが必要となる。健康増進やマーケットの情報と連動する流通、家電の制御、不動産の統合管理などを共通データフォーマットで処理するプラットフォームだ。

IoTプラットフォームと呼ばれるものは世界に数百あると言われる。現在はIoT関連デバイスの普及初期段階なので、デバイスからの情報は少ないが、今後デバイスが増加し、大量の情報を扱うようになるとプラットフォームの真価が問われ、選別が進むであろう。

選別の一つの視点は、実世界の設備や機器との接続性が高いかどうかだ。インフラや家電、健康管理機器など設備、機器の特性とユーザーの事情や好みなどをよく把握した事業者が、AIを含んだアプリケーションで分析を行い、特徴あるサービスを顧客に提供する、という事業がユーザーの支持を受けるようになるからだ。そのためには、アプリケーションのラインナップを作り、顧客が自由に選択できる環境を作り上げることが肝になる。AIを用いた学習等のインターフェース機能の使いやすさ、エコシステムの連鎖・フィードバック構造を生みだす仕組みの作り込み易さも重要な差別化ポイントになる。

こうした視点で見ると、設備や機器と接続して顧客やユーザーに価値を提供するアプリケーションやノウハウを持たない、既存のBIツールやDBと連携するだけの「ICTプラットフォーム改造型」は衰退していく可能性がある。また、ユーザー起点のアプリケーションをどれだけ持っているかが生命線となるので、B2Bでパッケージを提供してきた企業はアマゾンやグーグルなどのプラットフォーマーと比べて厳しい立場となる可能性がある。

## インダストリー4.0

生産工場、プラント・設備管理、エネルギーの分野では、分析から実行までをひと塊にしたインダストリー4.0型のサービスを提供する動きが活発化している。GEやシーメンス、SAP、日立などが自らの強みを活かしたサービスを立ち上げている。現在、IoTで最も注目されている

分野の一つである。設備やプラントを販売するモノ売り型の既存事業に対して、「時間売り」等を含めたサービス化を図る事業者が出現し、その動きが連鎖する流れが生まれているからだ。現在の動きを考慮すると、これらの分野では今後サービス化への急速な流れが顕在化すると考えられる。

　第2章で示したように、GE、シーメンス、SAPの事業の方向性には若干の違いがある。GEは、設備やプラントのノウハウを展開して統合的な管理と効率化を実現することで、顧客の実務の価値向上に資することを目指している。製造業の工場も対象にしているが、工場内の設備管理が中心となっている。

　これに対し、シーメンス、SAPは、事業運営の付加価値向上に主眼を置いている。具体的には、多品種少量生産のマスカスタマイゼーションに対応できる生産工場のサプライチェーンを柔軟に構築するためのシステムとハードウエアの提供を目指している。

　インダストリー4.0は、センサー、AI、ロボットで構成される最小単位のIoTの仕組みが工場単位に拡大、さらには工場と需要家が連携していく工場のシステム改革である。ただし、前章で述べているようなIoT市場のダイナミックな発展の構図についていくためには、技術が自律的に向上するための基盤となる半導体の進化の仕組みをいかに内包させられるかが重要となる。

　この分野は、GE、シーメンス、日立など各国を代表する企業が中心となっている。中でも半導体製造から各種プラントまでを一体的に担っている日立は、自律的技術向上のループを早く回すことができる可能性があり、市場をリードすることが期待される。いずれのケースもこれまでに自社で培ってきたノウハウを展開したシステムが中心である。サービスとして競争力を高めるためには、自社で実施してきた改善の仕組みをも提供することが必要だ。日本企業の強みをサービスに展開できる領域とも言える。今後の参入企業の増加と市場の発展を期待したい。

# 2 IoT市場での事業展開トレンド

## ハードウェアを知り尽くしたGEのサービス

　前節では、IoTの技術サプライチェーンに応じた市場の構造と勢力図を見てきたが、本節では、IoTが事業運営、特にモノづくりのビジネスにどのような影響を与えるかを考えていこう。

　本書では、何度かGEのジェットエンジンのサービスを紹介した。ジェットエンジンに多くのセンサーを取り付けデータを取って分析することで、故障の予知、省エネ運行の提案、迅速なメンテナンスのサポートなどのサービスを提供する。こうしたサービスにより航空会社はジェットエンジンの維持管理コストや運行コストを低減し、顧客サービスを向上することができる。

　ここで重要なのはGEがこうしたサービスを提供できるのは、ジェットエンジンのどこにセンサーを取り付け、どのようなデータを取得すればいいか、当該データがどのような状態になれば故障が発生するか等を理解しているからだ。ビッグデータという言葉が独り歩きしている感のある昨今だが、闇雲にデータを取ってもモノの状態は分からないどころか、状態を正確に把握するためのノイズになる。もちろん、GEもサービス開始までに様々な検討や実験を積み重ねたのであろうが、モノを知り尽くしたメーカーだからこそ、顧客の事業の価値を高めるサービスを提供できるのである。

　もう一つ重要なのは、こうしたサービスを通じて、GEはジェットエンジンの実証データをリアルタイムで取得していることである。メーカーが新しい製品を開発する際には、既存の製品の試験をしてデータを分析する。試験を計画、準備するための時間とコストがかかる上、いかに実際に起こるケースを想定して製品試験の条件を設定しても、飛行中に起こる全てのケースを再現できる訳ではない。メーカーが製品を評価

するための情報としては、顧客をサポートするサービスを通じて得られるデータの方がはるかに信頼性が高くなる。

　サービスの提供中は、航空会社のエンジンから何らかの対処が必要なデータが送られてきた場合、航空会社の業務に支障が生じないように迅速に解決策を講じないといけない。解決策が効果があったかどうかも速やかに明らかになる。結果として、製品やサービスの改善サイクルが格段に速くなる。

## 顧客とIoTサービスの共進化

　これまで、メーカーでは製品を市場投入した後に、顧客から利用状況を聴き、課題などを把握し、会社に戻って設計データを見直して原因を検討し、必要に応じて性能試験などを行い、試験結果を分析して改善方法を検討し、次の製品の設計に反映する、といったアプローチを取ってきた。一連のプロセスが一回転するために年単位の時間がかかるのが普通だろう。

　それが、IoTを使ったサービスでは、顧客からリアルタイムでデータが送られ、必要に応じて設計・開発チームがデータの分析に関わって解決策を講じ、順次設計に反映していく。「開発⇒設計⇒実装⇒検証⇒開発」、といったサイクルは従来と比べ物にならないくらいのスピードで高速回転することになる。IoTを使った顧客サービスとは、「開発・設計からサービス提供までの一体化」に他ならないのである。(**図表3-2**)

　「開発⇒設計⇒実装⇒検証⇒開発」のサイクルは、製品の性能向上とコストダウンの源泉である。サイクルを何回回したかが製品の競争力に大きな影響を与える。したがって、IoTを使った高速回転の枠組みを手にした企業とそうでない企業では、製品の開発・改善プロセスのスピードに比べ物にならないくらいの差がつく。当然、製品の競争力にも差が

図表3-2 設計からサービス提供までの一体化

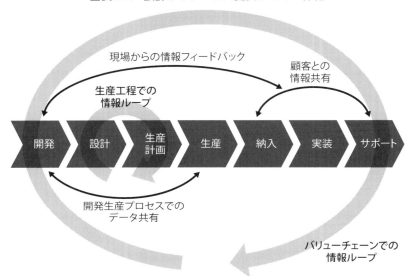

出てくる。その上で、顧客の事業の価値を高めて評価を獲得し、顧客を囲い込めるのだから、企業としての競争力の違いも決定的になってくる。

このように、IoTを使ったサービスには、顧客とメーカーの事業が共に成長する共進化の状態を生み出す可能性がある。

## 生産ラインを革新するIoT

IoTを使ったシステムが生産ラインに投入されると、様々なセンシング方法を使って製造現場のデータをコンピュータに吸い上げ、効率的な生産が行われるように、生産の管理と作業者への指示、支援が成され、人員などの投入が適正に配分される。生産ラインの稼働と生産資源

の投入が平準化されるので、生産効率が上がり、投入エネルギーが減り、歩留まりが改善する、といった効果が期待できる。企業としてはコスト競争力が向上する。

　設計部門からは生産ラインに、効率的な生産を支援するための情報が送られ、生産ラインで問題があればリアルタイムで設計陣に情報が送られる。設計陣は迅速に現場に問題解決のための情報を送り、設計上の対処が必要な場合は、すぐに設計に反映することができる。日本企業が得意とする改善提案も同じように反映される。IoTが導入されると、設計部門と生産ラインが情報をやり取りする、というより、設計データを共有しながら、各部門が仕事をするというイメージになる。問題のある設計の改善、より作り易いアイデアの反映などは今までと比べ物にならないくらい速くなる。また、生産工程に反映するスピードが速い分だけ、生産の効率化効果が大きくなる。

　組織構成の面でも効率化が進む。今まで設計部門から生産部門に設計図が配布されると、生産管理部門が設計図を製作に反映するための作業を行っていた。設計部門と生産ラインがデータでつながれると、生産管理部門の業務は相当にスリム化される。将来的には設計部門と生産ラインが直結することになるだろう。その分だけ、設計から生産工程のコストが低減する。こうして生産ラインにIoTが導入された企業とそうでない企業では、生産コストに大きな差がつくことになる。

## 価値の高い顧客サイドのIoT

　このように製造業では、IoTを顧客側に展開するパターンと生産工程側に展開するパターンがある。いずれも、これから企業が競争力を高めるために欠かせない取り組みになるが、内容を見ると、顧客側に展開するIoT戦略の方が成長性が高いことが分かる。GEのジェットエンジン

を例に考えてみよう。

　生産工程側にIoTを展開した場合の成果は基本的に生産効率の向上である。これはこれで重要なことだが、航空会社の損益計算書を見ると、エンジンのコスト改善効果を顧客と分け合うに過ぎない。一方で、顧客の事業の価値を高めた場合は、まず燃料費や維持管理費を改善できる。さらに、運航の安定性を高めることによって、利用率が高まり、欠航が減ることによってリスク回避コストも期待できる。運航が安定すれば顧客からの支持が増え搭乗率が向上する。これらを足し合わせると、経済的に見ても、エンジン自体のコスト改善効果を大きく上回るはずだ。

　航空会社側に生じた経済的なメリットをエンジンメーカーが享受することができるか、という問題はあるが、IoTによるメリットが共有されるようになれば、将来はメリットシェア型のビジネスも生まれてくるはずだ。革新技術で市場構造が大きく変わる時、新たなビジネスの評価の基準は、従前の支払いモデルをベースとした収益ではなく、新しいビジネスが生み出すメリットの大きさに置くべきだ。メリットが大きければ、顧客との間でどのようにそれをシェアするかを考えることも可能だからだ。

　これは、IoTによってメーカーのビジネスが製品の納入だけでなく、故障診断、メンテナンスサポート、運用支援のサービス等により、顧客の側に生じたプロフィットをシェアするタイプのビジネスモデルに変わっていく可能性があることを示している。こうしたサービスを提供するようになると、ジェットエンジンのような付加価値の高い製品を製造する事業でさえ、これまでは顧客の財務諸表の一つの費用項目の中でビジネスをしていたと理解されるようになる。目端の利いた経営者であれば、小さな費用項目の中で価格や性能を競うよりも、費用項目を顧客の財務諸表全体に広げてビジネスはできないものかと考えるのは当然だ。

## メーカーからビジネス支援サービサーへ

　そうしたビジネスモデルを実現した企業は、既にメーカーと呼ぶ存在ではなくなっている。IoTと優れたハードウェアを使った顧客向けビジネス支援サービサーというビジネス形態だ。ビジネス支援サービサーが手にする利益額は対象としている財務諸表が広いだけに、モノ売りを続けているメーカーよりはるかに大きくなる。一方で、プロフィットシェア型のビジネスについては眉唾のようなイメージを感じる人も少なくないだろう。

　プロフィットをシェアするためには自社のサービスのパフォーマンスをアピールしなければならず、場合によって一定のアウトプットを保証

図表3-3　モノ売りとビジネス支援サービスの収益構造

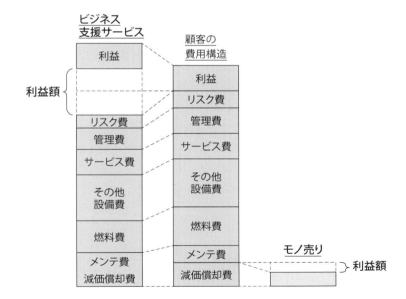

する場合もある。支払額は固定部分とプロフィットシェア部分に分かれることが多いから、レバレッジを利かそうと思うと、固定部分を少なくしてシェア部分を大きくしがちだ。結果として、シェアの目論見が崩れて利益が大幅に低下するリスクが増える。場合によっては損失も抱え込む。

　プロフィットシェア型のビジネスモデルにはそうしたイメージが付きまとう。単なるモノ売りに比べれば、確定されない利益を収入の源泉とするプロフィットシェア型のビジネスモデルのリスクが高いことは間違いない。しかし、IoTを用いたプロフィットシェア型のビジネスでは、これまでの同類のビジネスモデルに比べ見込み違いのリスクが大きく低下する。

　まず、そもそも内容を知り尽くしたハードウェアをベースにしたサービスモデルだから未知のリスクに巻き込まれる可能性が低い。次に、顧客側の資産をリアルタイムでセンシングしているからリスクの発生の検知やリスクの予知が容易になる。顧客側もサービスの信頼性を高めるためであれば、センサーの設置には寛容になるだろう。また、コマツの建機の稼働率の情報が経済予測に使われたように、データを積み重ねていけば、資産の稼働状況から顧客のビジネスが上手く回っているかどうかを予測することも可能になるだろう。

　そうしたIoTならではのリスク検知機能を顧客支援サービスのオペレーションの中に織り込んだり、何らかの事態が発生した場合にリスク回避のアクションを発動できるような条項を顧客との契約に織り込んでおけば、リスク対応力は一層高まる。（図表3-3）

## 変わるリスク＆リターンの構造

　メーカーには、モノ売りは手堅い商売であり、確実な商売をする中で

適正な利益を獲得するのがメーカーの本道である、という理念を持っている人がいる。しかし、「リスクの無いところに利益はない」、ことはビジネスの常識である。もちろんモノ売り型のビジネスモデルにもリスクはある。ただ、自らの専門知識の範囲内で事業を定義し、顧客の財務諸表の中の一項目の中でのリスク＆リターンに拘ることがビジネスの展開の幅を狭め、発想を止めてきたことはないだろうか。

　いずれにしても、メーカーにとってIoTが実装されたことで、「これまで容易ではなかったビジネスモデルをこれまでより低いリスクで実行できるようになった」という理解はIoTを使ったビジネスを考える上で重要だ。メーカーにとって市場のリスク＆リターンの構造が変わったのである。こうした事業環境の変化に気づき、いち早くリスク＆リターンの構造を変え、収益モデルを変える企業が出てくれば、同じ市場で競争する企業は追随せざるを得なくなる。

　ここまでの議論でもう一つ重要な点は、IoTを使ったビジネス支援サービスは信頼性の高いハードウェアがあり、そのハードウェアのことを知り尽くしていることが前提となることだ。AI、IoTの時代に不安を覚えるメーカーにとって心強い事実ではないか。この点については後段でも触れる。

## ハードウェアとシステムの相乗効果

　さて、ビジネス支援サービスの実行体制を整えた企業は、当然モノ売りの時代から大幅に拡大する利益を次の事業展開に投資する。当面の投資先は利益を上げたビジネス支援サービスそのものになるはずだ。その時、当該企業の投資先はビジネス支援サービスを構成するハードウェアとIoTのシステムのどちらに重心が置かれるだろう。答えは、時代によって異なる、ということになる。

手元にある資金をより大きなリターンが期待できるところに向けるための手綱さばきは経営者の最も重要な役割だ。そうした観点で見ると、殆どの日本企業にとって、現時点で将来より大きなリターンが見込めるのはIoTのシステムサイドだろう。IoTのシステムがまだまだ未整備の段階だからだ。時代に乗り遅れないために目先の利益に目をつぶってでも、最優先で投資すべき先、という捉え方もあるだろう。IoTの時代の流れに取り残された場合の逸失利益を考えたら、「何を置いても」、という投資先ともいえる。しかし、しばらくしてIoTのシステムが一応整備された段階になると、より信頼性の高い、あるいはIoTのシステムに即した機能を備えるためにハードウェアの仕様を改めなくてはならない、という認識が高まっていく。新しいハードウェアが必要になることも十分にあり得る。そして、ハードウェアの仕様の改善や新たなハードウェアの投入が完了したら、新たな仕様を活かすためにシステムを改善することになるはずだ。

　このようにハードウェアとIoTシステムで構成されたビジネス支援サービスは、ハードウェアとIoTシステムが相乗効果を及ぼしあいながら進化していくことになる。これこそがAI、IoT時代のメーカーの必勝の進化モデルになる。前述したように、IoTのシステムを備えたサービスや生産工程の改善スピードはこれまでのものとは比べ物にならないくらい速い。同じように、ハードウェアとIoTのシステムがシンクロナイズする進化モデルは従来のメーカーの進化モデルとは比べ物にならないくらい速くなる。さらに、ハードウェアの仕様の改善や開発はIoTのシステムを使ったビジネス支援サービスからの要請に基づいて行われるようになるので、ポイントを外すリスクが小さくなる。IoTはハードウェアの投資効率も高めることになるのだ。（**図表3-4**）

図表3-4 ハードウェアとシステムの相乗効果

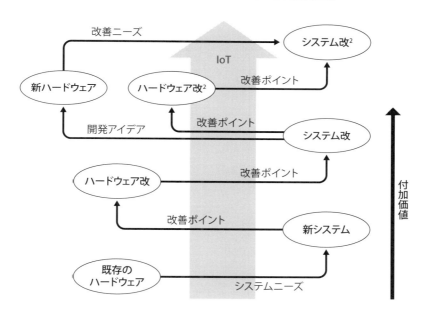

## 市場を区分するIoT

こうして考えると、IoTを軸としたビジネス支援サービスを確立した企業とそうでない企業の間では、生産効率、生産改善サイクルのスピード、顧客のビジネスの価値向上、顧客の囲い込み、サービス改善サイクルのスピード、ハードウェアの投資効率、などで差がつき、埋め難い競争力の差となることは容易に想像がつく。こうした競争力の違いは、IoTのバリューチェーンが長いほど顕著になる。

上述したように、顧客向けにIoT化している企業の方が生産工程をIoT化する企業より付加価値を高めることができる可能性が高いが、生産工程のIoTだけの企業よりも、顧客向けIoTだけの企業よりも、生産

工程から顧客サービスまでを一貫してIoT化している企業の方が高い競争力を持つことになる。顧客のビジネスの現場で得られた、製品やサービス改善のための情報、リスク情報、などが、設計部門と生産管理部門にリアルタイムで共有され、生産現場に反映されるからだ。生産効率が高まるだけでなく、市場予測の機能も向上するため、工場の稼働管理、人材などの資源配置の効率も向上する。さらに、プロフィットシェアの可能性も加わる。

　第1章で述べたように、現段階では、生産側のIoT化を進める企業、顧客向けにIoT化を進める企業が例示されているが、早晩これらの企業は設計・生産から顧客サービスまでIoTのバリューチェーンを拡大しようとするだろう。特に、顧客側へのIoTを展開している企業は生産工程へのIoT化でも先行しようとするだろう。顧客側にIoTを展開している企業から見れば、バリューチェーンに生産工程を連結した方が効果が高いことは自明である一方、顧客側への展開は相手あってのことだから、新たな展開には時間がかかるためだ。

　結果として、IoTを巡る市場競争は顧客側への展開を先行した企業がリードすることになる。

## B2B2C市場が主戦場に

　IoTはあらゆる市場でモノ売りを価値向上型サービスに転換する。建設機械の分野では、ジェットエンジンと同じように多数のセンサーを装着した建機が正確で安定した土木作業をサポートするようになる。人間が運転する建設機械が混在する現時点では、完全自動運転の建設機械の普及は遅れているが、自動車の分野と同じように、完全自動運転に至る前の段階でも、建設機械の稼働率の最適化や最適配置、省エネ運転サポート、運転管理、事故防止等、IoTの技術を使った様々なサービスが

考えられる。ビル建設でも部分的な自動化が進むし、特定の機能を持った複数のロボットを含めた現場管理のシステムも普及するだろう。

　IoTとデジタル化がビジネスモデルを大きく変える可能性のある分野もある。例えば、プラント分野では以前からCADの導入が進んできたが、IoTの技術が導入されるとプロジェクトのシュミレーションや作業のプランニングや見える化が大きく改善する。これらを利用してデジタルツインの仕組みを導入すれば、事前に周到な計画を立てた上で建設計画、資材の調達、業者の手配などを行い、シュミレーション上のプロジェクト運営と実際のプロジェクトをシンクロナイズさせ、プロジェクトのスピードを上げリスクを低減することができる。これまでは優秀なプロジェクトマネジャーをどれだけ抱えるかが企業力を左右する面があった業界だが、例えば、IT武装した新興国の企業が日本の中高年の熟練プロマネを雇ってデジタルツインにノウハウを投入していけば、一気に高度なプロジェクト運営能力を備えることができる。日本のプラント業界は新興国企業の追い上げなどで収益確保に苦しんでいる。例えば資金力を付け、IT企業との連携も容易な中国のプラント企業がIoT化を進めると世界の勢力図が大きく変わる可能性もある。

## 分野で変わる導入効果

　GEはガスタービンについてもジェットエンジンと同じようなIoTのサービスを提供している。発電プラントは設備が高価である上、わずかな発電効率の差が事業の収益を左右するため、プラント関連分野の中でもIoT技術を使った制御の価値が高い。一方で、エネルギー市場では個別プラントの制御の価値を左右する環境変化が起こっていることにも注意が必要だ。

　IoTの先駆者であるGEは2017年10〜12月期に100億ドル近い最終赤

字を計上した。最大の原因は保険事業の損失だが、電力部門の利益の大幅減も一つの理由だ。GEの得意とするガスタービンを含む火力発電事業は、近年の再生可能エネルギーの急拡大と火力発電に対する風当たりで電力会社の投資が急減し、どこの会社も業績が低迷している。世界的な発電ポートフォリオの組み替えに伴う調整段階だから投資はいずれ回復するが、回復後の火力発電事業の役割は変わってくる。急増する再生可能エネルギー由来の発電の変動を吸収する電源としての役割が大きくなるからだ。

調整電源としての役割が大きくなると、個々の発電プラント・発電設備の制御より、送電会社からの要請や市場の価格変動に上手く対応できるかどうかが問われるようになる。その分だけ、IoTのサービスの視点は発電会社が送電会社や市場からの評価をいかに高められるかに変わってくる。ある意味、IoTへの期待はますます高まるが、ガスタービン周りに集中していたセンサーは変動に対応するための調整設備にも数多く配置されるようになる。先に示した、IoTと連動した新たなハードウェアの需要が生まれる可能性が高い。

こうして見ると、IoTの導入効果は分野によって変わってくることが分かる。生産設備への導入効果は生産効率の改善であると述べたが、プラントへの導入効果も概ね同様と考えることができる。

IoTのサービスを提供する側から見ると、ジェットエンジンと同じように顧客の業務を効率化し、安全性・安定性の向上などに貢献することができる。発電プラントも基本的に生産効率の改善が最も大きな導入効果だが、新しい市場構造に対応し、その中でのシェアを拡大することに貢献できるかもしれない。ジェットエンジン向けでは、効率化効果が期待できるのはもちろんだが、サービスを受け入れた航空会社が利用客の満足度を高め売り上げを伸ばす、という構図も期待できる。こうして考えると、IoTのサービスの効果は顧客の背後に市場や顧客がいるほど大

2 IoT市場での事業展開トレンド

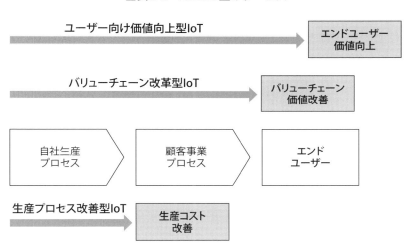

図表3-5 B2B2C型のサービス

きくなると考えることができる。特に、エンドユーザーが見えている場合は収益増への期待が大きくなる。その意味で、IoTのサービスでまず優先すべきなのはB2B2C型でサービスが提供できる市場ということになる。（**図表3-5**）

## 寡占化するIT市場

　ビジネス支援サービスが普及していくと市場は寡占化の方向に動くようになる。例えば、GEのジェットエンジンのサービスが効果を上げ、ある航空会社の顧客満足度が高まると、競争相手の航空会社も同様のサービスを求めざるを得なくなる。その競争相手にGE以外の企業がビジネス支援サービスを提案しても、GEのサービスと同等の効果が得られるかどうか分からないから、顧客はGEのサービスを使いたいと思う

ようになる。IoTを使ったビジネス支援サービスの「性能」はハードウェアのようにスペックで説明することが難しいから、実績がモノを言うことになるからだ。ジェットエンジンはもともと少数企業による寡占市場だから市場のシェアが変わるのには時間がかかるだろうが、耐久消費財のような買い替えサイクルの短い市場では短期間で情勢が変わる可能性がある。

　恐ろしいのは、例えば、GEのサービスのシェアが拡大して多くの顧客を獲得したとしても、他のメーカーが製品サプライヤーとしてGEのシステムの下に入れないことだ。上述したように、IoTを使ったビジネス支援サービスはIoTのシステムと優れたハードウェアが一体となって高い効果を発揮するからだ。将来的には仕様の異なる製品もシステムと連携できるようになるだろうが、GEのようなポジションにある企業から見れば、自社の供給力に余裕がある限り、他社の仕様の製品を取り込む理由はない。あるとすれば、ビジネス支援サービスを拡大した企業の仕様で製造を代行することだろう。

　そもそもITビジネスには寡占化リスクがある。プラットフォームビジネスの世界では、グーグル、フェイスブック、アマゾン、の市場シェアは広がるばかりだ。世界でこれに対抗できるのは、国が作った障壁の内側の13億人市場で事業を拡大したアリババとテンセントくらいだ。

## 制御不能の寡占が行き着く公共化

　グローバルITビジネスが寡占化し易いのは、そもそもポータルサイトという言葉があるように、色々なものの窓口となってくれる機能をユーザーが期待しているからだ。拘りのある人でなければ、多少の用途や目的の違いでウェブサイトを使い分けたりしない。最近では、かつて勢いのあったカテゴリーキラーのようなサイトも大型のプラットフォー

マーに取り込まれていく傾向がある。市場の寡占化の力はヤフーのような一世を風靡した企業すら飲み込んでしまう。普通の業界の寡占度なら、グーグルとヤフーは共存しただろう。

　最近では、巨大プラットフォーマーの影響力があまりにも大きくなってきたことで、政府がプラットフォーマーに何らかの規制をかけようという動きも出ている。ITビジネスは、強い者が弱い者を飲み込む、という弱肉強食の市場メカニズムを、過去のどの産業よりも強く体現している。こうした弱肉強食の傾向はユーザーの選択の結果でもあるから、プラットフォーマー自身も制御できない。プラットフォーマーが政府を飛び越えて、社会で支配的な地位を手にすると言う人もいるが、国もプラットフォーマーもそれほど愚かではないだろう。結局、競争市場の権化でもあったプラットフォーマーは、拡大の末、社会のインフラのような位置付けになってしまうかもしれない。

　これに対して、どの分野でもメーカーは数が多い。色々な人が色々な嗜好を持っているから、という面もあるが、メーカーがユーザーに比べて製品に関する知識をはるかに多く持っているという情報の非対称性の問題もあるだろう。いずれにせよ、ITビジネスに比べると、多くの企業や人が共存できる市場構造であるのは確かだ。

　IoTは、こうした共存共栄型のメーカーの市場構造を冷徹な弱肉強食のITビジネス型に仕向ける機能を持っている可能性がある。市場を完全に支配する絶対強者が育つ前に技術革新などで新たな強者が登場してこそ、健全な市場が維持されるのだが、ITビジネスでは、一たび市場の中心となった絶対強者を誰がどのような技術やサービスで引き下ろせるのかが見えていない。

　何らかの社会的な制御があって市場の健全性は維持されると思うが、企業はもとより、欧米、中国、韓国と競わなくてはならない日本という国にとっても避け得ない現実だ。

## デバイス市場でも進む寡占化

　寡占化するのはプラットフォーマーだけではない。IoTのシステムを構成する主要パーツを提供する市場でも寡占的な市場が構成されていく。かつて、インテルはパーソナルコンピュータの時代を見据えてCPUを開発し、デファクトスタンダードとなった。DRAMでは大規模投資によってサムソンが市場シェアを拡大した。村田製作所などは特定用途向けの集積回路で重要な市場ポジションを確保した。こうした経緯から主要パーツの市場に関わるいくつかのポイントが見えてくる。IoTも基本的には1990年代以降のデジタル技術の延長にあるので、同様の経緯を経ていくだろう。

　一つ目は、全体システムの性能を左右するコアデバイスについては、性能面で市場をリードした企業によるデファクト化が進むことだ。パソコン時代はインテルがデファクト化し、IoTでは現状エヌビディアがリードしている。性能とコストパフォーマンスだけが問われるデバイスに開発資源を集中することが求められる市場だから、ひとたびデファクトポジションを獲得した企業に追いつくのは容易ではない。

　二つ目は、システムの中で大量に使われるデバイスについては、コスト競争力を高めた少数の企業が市場を席巻することだ。IoTによって、デバイスの数は飛躍的に増えるので、DRAM市場のサムソンのようなビッグサプライヤーの力は一層強くなる。

　三つ目は、特定の機能を目的とした複合デバイスを供給するポジションで、スマートフォン市場における村田製作所のようなポジションだ。デバイスのニーズと利用のバリエーションが増えるから、ここも拡大が期待できる市場だ。

　企業の規模としては二番目が最も大きく、一番目のタイプの企業が追随する。収益力では一番目の企業が高いが、二番目、三番目の企業の収益性も他産業に比べると高くなる。日本で一番目のポジションを確保で

きそうなのは、CMOSを供給するソニーやMEMSを供給する村田製作所辺りではないか。三番目については、IoTは対象が多彩になる分、日本企業にも様々な可能性が出てくる。

　IT市場ではこの四半世紀、一貫して市場をリードしてきた企業もあれば、一世を風靡しながらいつの間にか社名が消えてしまった企業、糾合されてしまった企業もいる。猛烈なスピードで進化する市場だから、予測しがたい面もあるが、IT市場の歴史を見れば有力企業の戦略と盛衰がIoT市場の行方にも大きな影響を与えていく。

## チャイニーズプラットフォーマー

　最近、グーグルとテンセントが特許の相互利用で提携したように、アメリカのメガプラットフォーマーも急成長を続けるチャイニーズプラットフォーマーに一目置かざるを得なくなっている。13億人の人口を背景とした中国の経済成長と今後の電子商取引市場の拡大の可能性、あるいは一帯一路などの海外戦略を考えると、チャイニーズプラットフォーマーがネットワークの規模や時価総額でアメリカのメガプラットフォーマーを凌駕する可能性は十分にある。

　チャイニーズプラットフォーマーの躍進は以下のような中国のIT産業戦略の賜物である可能性があると考えている。
- ・13億人の国民に携帯電話を普及させる
- ・アプリケーション関連の事業を振興させる
- ・アメリカのメガプラットフォーマーが情報の規制に敏感なことを逆手にとって中国市場に参入障壁を設ける
- ・参入障壁の中でチャイニーズプラットフォーマーが十分に力をつけてからアメリカのメガプラットフォーマーと協調、競争する。

中国にこうした意図があったかどうかは別にしても、中国のIT産業

がとんでもない力をつけつつあるのは事実だ。以下、いくつかの局面をピックアップしてみよう。

　まず、アリババやテンセントのようなプラットフォーマーが急成長しており、かつ政府と協調路線を取っている。

　アプリケーションの普及も凄まじい。ウィーチャットの普及で急速にキャッシュレス社会が広がっている。実力も大したもので、ウーバーが中国から撤退したのは、摘摘のアプリの方がウーバーのアプリより使い易かったからだと、中国の人は言う。

　モバイクが短期間で普及したのは、自転車が安かったからだけでなく、開錠施錠、支払、位置確認などのITシステムが優れていたからだ。短期間であれだけのシステムを作り上げる事業家としての実力も相当なものだ。

　最近無人コンビニが登場したが、顔認証を使った本人確認、支払いシステム、透明な店舗デザインなど、ITだけでなくビジネスモデルとしてよくできている。日本でも無人コンビニの実証が進んでいるが、市場投入では中国の方が先を行っていると考えた方がいいのではないか。

　IoTの最大市場である自動運転でも中国が世界をリードする可能性がある。毎年、農村部から都市部に1千万人の人口が移動すると言われる中国では今でも都市開発が盛んだ。その中で、多くの都市が自動運転技術を使った交通システムの導入を視野に入れている。壮大な規模の自動運転の実証都市も複数建設されている。最近、日米欧は実際の街中での完全自動運転の実現は難しいと考えるようになっているが、政府と先進企業が一体となった中国では、「自動運転車以外は進入禁止」、という都市を作ることも可能だ。

　こうした中でも、最も脅威なのは中国が猛烈なスピードでAIを開発していることかもしれない。AIに関する論文数では中国は既に日本を大きく上回り、アメリカに迫る勢いになっているとされる。

　AIの市場が太平洋を挟んだ米中の争いになることは、有力企業の成

2 IoT市場での事業展開トレンド

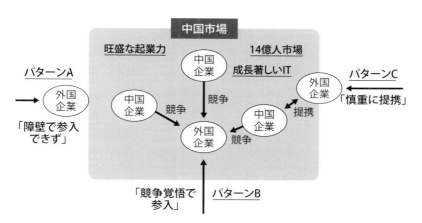

図表3-6 中国市場への参入形態

長度合いやAIなどの開発動向から間違いない。日本からチャイニーズプラットフォーマーやアメリカのメガプラットフォーマーと伍するプラットフォーマーが誕生する可能性が殆どないことを前提に企業戦略や産業戦略を考えないといけない。米中のプラットフォーマーと競うよりも、世界の二大市場の間にいる地の利をいかに享受するかを考えるべきなのだ。（**図表3-6**）

## 期待が高まるロボット市場

　IoT関連技術の進歩で一躍市場としての期待が高まっているのがロボットだ。ロボットを将来の新事業に位置づけている企業も多いだろう。しかし、今までの日本の大メーカーのビジネスモデルでは、ロボットを新しく事業として立ち上げるのは難しいだろう。最近、大学で簡単なロボットの製作を課題としている例がある。ロボットはメカとITを

同時に学べる価値のあるテーマだから、これからの時代を担うエンジニアの育成テーマとしてこれ以上のものはない。自分で作ったものを作動することができるので、学生の人気もあるようだ。

　大学生のロボットというと、テレビで放映されるロボットの性能を競うコンテストを思い浮かべるが、あれほど大がかりでなくても、コンパクトなロボットはたくさん作られている。中には、コストや機能で感心するレベルのものもある。もちろん大学の先生方のご指導の賜物という面もあるのだが、大学生が関わる研究テーマでロボットを作れる大きな理由は、センサーや分析デバイスの汎用品が市場で廉価かつ簡単に手に入るようになったからである。第1章、第2章で盛んに登場する、今をときめくエヌビディアのデバイスが大学で作られているロボットに普通に搭載されている。ロボットを動かす作動系のパーツも色々な汎用製品がある。先生方の指導の下で独自に作り上げるのは、対象とする作業に合った全体システムの計画、設計、ロジックと市場で手に入れたデバイス類の全体調整だ。

## 日本企業を襲った二つの波

　1990年代の後半、日本企業はパソコン事業の競争力を低下させた。この時期に起こっていたのはコンピュータ部品の汎用化だ。秋葉原に行けばパソコンの部品は全て揃うと言われるようになり、適切に組み立てパッケージに入れることができればパソコンメーカーになれる、という時代になった。日本の伝統的な製品開発は会社として開発する製品の企画を作り、これをブレークダウンして、自社独自のパーツを開発して、組み上げ、競争力を作る、という大組織、トップダウン、自前主義のスタイルだった。それが日本の製造業を世界トップレベルにまで引き上げたことは間違いないし、今でも世界中で高く評価される品質の基盤に

なっている。

　しかし、1990年代になると日本の必勝パターンだった製造システムを脅かす二つの流れが生まれた。一つはデジタル技術であり、もう一つはグローバル化である。

　デジタル技術が進歩したことで、これまで精巧なメカでしか出せなかった性能をデジタル制御で実現できるようになった。デジタル技術はITの進化の源泉なので、設計や生産工程にも入り込み効率化や汎用化が進んだ。

　グローバル化は製造工程を水平分解した市場の成長可能性を高めた。従来、製品を構成するシステムや部品を供給する企業は、最終製品を組み上げる大メーカーに比べて資金力もマーケットアプローチ力もなかったので、大メーカーに求められる仕様で部品を生産し納入する、という立場を取らざるを得なかった。しかし、市場がグローバル化すると、工夫次第では特定の部品を製造する企業でも世界中に顧客を見出し、自力で事業を成長させることができるようになった。特定のシステムや部品に事業を集中しているだけ、投資を集中しやすいため、技術開発のスピードが速くなる。

　こうして水平分業の各レイヤーを担う企業の力が相対的な高まることとなった。EMSのようなビジネスモデルが急拡大したのも、自動車産業で部品メーカーのポジションが高まったのも、日本の精密部品や電子部品メーカーが成長したのも、こうしたデジタル化とグローバル化の影響が大きな理由だ。

　日本の大メーカーが独自に作ったデバイスが汎用品より性能がよければ高い価格で製品自体も高く売ることができたが、汎用品でそれに近い性能を確保できるのなら高価な特製品を買う人はいなくなる。これが、かつて世界市場をリードした日本のテレビ、半導体、パソコン、などの製品が短期間で競争力を落とした背景だ。

## 狙いは汎用ロボット市場

　同じことがロボットの世界で起こっている。今をときめくメーカーの最先端の部品を誰でも手に入れることができ、価格も大学の研究テーマとして扱えるレベルにある。パソコンのビジネスモデルが変わった時代より、中核デバイスを中心としたモジュール化が進んでいるので、モノ作りのモデルが一層ドラスチックに変わる可能性がある。その結果、これからのロボット市場は大きく二つの市場に分かれることになる。

　一つは、工場でのインダストリー4.0、建築物やプラントの制御などを対象とした産業用のロボットや大型メカトロニクスだ（以下、産業用ロボット）。産業用ロボットは高い精度に加え、重い負荷に耐えるための高い強度、高速での動きなどが求められる。こうしたロボットの製作には高度な技術と高価な設備が必要になるので、当分の間、高い専門性と企業力を持った大手メーカーが供給することになるだろう。その分、価格も高くなる。一方で、インダストリー4.0などの影響で今後産業用ロボットの市場も拡大するが、日本では既にかなりの数のロボットが導入されているので更新需要が中心の市場になると考えられる。産業用ロボットの市場として成長が期待できるのは、新工場の建設需要が大きい中国を始めるとする新興国市場ということになる。

　もう一つは、コミュニケーションロボットや医療、介護、農業、流通、等の分野で使われるロボットの市場だ（以下、汎用ロボット）。これまでロボットの導入が進んでない上、人手不足や高齢化などでニーズも強いため高い成長が期待される。一方で、この市場こそ、「大学生でも作れるようになった」という市場構造の変化の影響を強く受ける。

　こうした市場で事業の成果を上げるには市場を取り巻く環境を確認する必要がある。まず、これらの分野で、サービスや生産に関わる人間の作業を完全に代替するロボットを作るのは容易ではない。当面の間は、作業をしている人の労働負荷を軽減する、データを取得するなどして作

業の精度を上げる、コミュニケーションなどの補助的業務を代替する、などの機能が中心になる。こういった機能でも、現場の作業効率の向上は期待できるが、工場に比べると、ユーザー側に将来の効率化効果を見込んだ投資判断を期待しにくい市場だ。また、工場に比べると投資力も小さいのが一般的だ。

結果として、大きな資金負担とならない範囲の価格設定にならざるを得ない。せいぜい軽自動車くらい、将来的には100万円を切るのが普通という市場になるだろう。しかも、用途が多い分だけ、個々の汎用ロボットの市場規模は小さい。結果として、「産業用ロボットのように台数はそれほど多くないが数千万円レベルの価格が期待できる市場」にも、「家電のように価格は数万円前後だが年間数十万、100万台規模の需要が期待できる市場」にもならないのが、汎用ロボットの市場だ。しかし、全体として見ると、用途が幅広いので相当に大きな市場になる可能性を秘めている。

産業用ロボット市場については、既に、工場向けロボットなどを供給してきた企業が事業展開を視野に入れていると考えられるので、以下では、汎用ロボットについて考えよう。

## 中堅中小企業を成長させる汎用ロボット

まず、汎用ロボットの本体の製作を担うのは大メーカーの大工場にはならないだろう。生産台数、想定される価格、需要の変化が速いこと、などを考えると、何らかの手段で作成した設計図にしたがって、IoTのデバイスを適切にセッティングできる技術力を持った中小中堅企業が手掛けないと採算が取れない。日本には優れたハードウェアの製作能力を持った中堅中小企業がたくさんあり、日本の産業基盤を支えている。医療、農業など特定のカテゴリーのロボットの生産台数が増え、海外の有

力EMSが手掛けるようになる前に、こうした企業がIoTの市場で飛躍できる産業構造を仕立てあげておきたい。

　一方、ロボットで最も重要なのはロボットを売ることそのものではなく、ロボットを使う事業の価値をいかに生み出すかである。工場用のロボットが売れるのは、ロボットを価値に換えることのできる専門的な人達がいるからである。これに対して、医療・介護機関、農業関連団体、商業施設などでは同じような専門的な人材を期待できないから、ロボットを事業の価値に転換する仕組みが必要になる。それができれば、工場等に比べて生産プロセス改善の余地が大きい分だけ、ロボットの価値も大きくなる。

## ロボットのアプリケーション＆サービス

　ロボットを事業の価値に転換するために必要なのはITのアプリケーションとサービスである。今やスマートフォンの価値を「電話ができること」と答える人が殆どいないのは、スマートフォン上で使う多数のアプリケーションが供給されたからである。アップルが世界トップクラスの時価総額を誇る企業になったのは、スマートフォンの開発当初からこうした価値の構造を理解していたからだ。IoTの汎用ロボットのビジネスでも同じような形の市場が立ち上がる。

　先に、メーカーが顧客向けに「ハードウェア＋IoTシステム」のサービスを提供した場合、顧客の価値から逆算すると、当面はIoTシステムに投資を配分する可能性が高いと指摘した。同じように、汎用ロボットでもロボットを事業の価値に転換するためのアプリケーションとサービスがロボット本体以上の価値につながる可能性がある。問題は、こうしたハードウェアとIoTシステムが一体となったパッケージサービスを誰が供給するかだ。

2 IoT市場での事業展開トレンド

　工場や高価なハードウェアによるパッケージサービスを提供するのがハードウェアを作ってきたメーカーではあることは間違いない。複雑な機構のハードウェアを知り尽くしているからである。汎用ロボットには誰がこうしたポジションを担うのかが明らかになっていない。パッケージサービスのポジションを担うためには、ハードウェアの機構を知り尽くし、顧客の潜在的なニーズを見抜き、顧客の価値を向上するためのストーリーを描き、それらを実行するためのソフトウェアを開発、運用しなくてはならない。一般の中堅中小企業には荷が重い役割である。一方で、上述したように、個々のロボットの市場は大メーカーが新事業の対象とするには小さい。

　こうした点を考えると、汎用ロボットのパッケージサービスの提供を担う可能性があるのは二つのケースだ。

　一つは、ハードウェアとIT双方に知見がある中堅中小企業が担う

図表3-7　汎用ロボットの供給構造

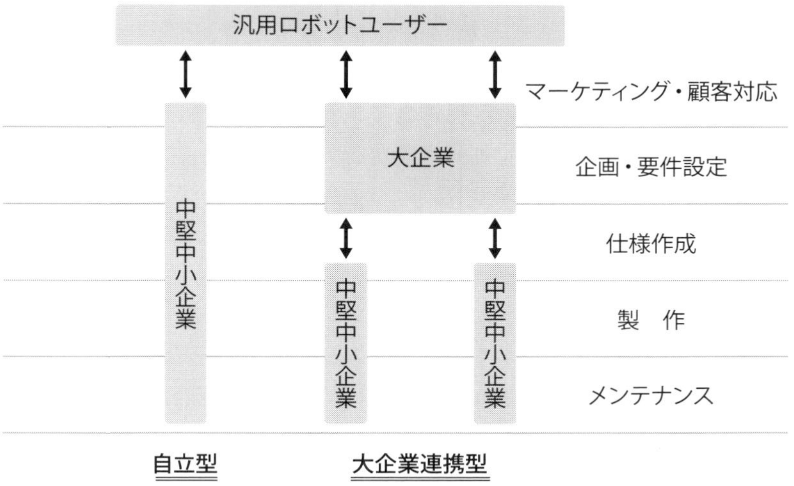

|  | 自立型 | 大企業連携型 |  |
|---|---|---|---|
| マーケティング・顧客対応 | 中堅中小企業 | 大企業 | |
| 企画・要件設定 | | | |
| 仕様作成 | | 中堅中小企業 | 中堅中小企業 |
| 製作 | | | |
| メンテナンス | | | |

143

ケースだ。二つの素養を持っている中堅中小企業は稀だから、異なる素養を持った企業同士の水平方向の戦略的提携が前提になるだろう。例えば、ハードウェアをセッティングするための技術力と調達のネットワークを持った中堅中小企業がIT関連のベンチャーと提携する、あるいは合体するというケースだ。IoT時代を見越して資金力のあるITベンチャーがハードウェアに強い中堅中小企業を買収するというパターンも考えられる。生産に関する専門性や企業とのネットワークがある大学の研究室が、企業を巻き込んで独立するというケースがあってもいい。こうしたダイナミックな動きが、様々な分野の汎用ロボットの市場を目指して生まれてくると、日本経済にも活気が出てくる。(図表3-7)

## 人材の再構成が生き残りの条件

　もう一つは、大企業がハードウェア、アプリケーションなどについてコスト競争力の高い中堅中小企業などを率いてサービスを提供するケースだ。大企業の顧客ネットワークや企画、設計の能力と日本の中堅中小企業の生産能力を活かすことができる垂直方向の戦略提携だ。ただし、上述したように、汎用ロボット一つ一つの市場は大企業にとって小さいため、複数のロボットの市場を対象とした事業とすることが不可欠になる。複数の市場を対象にすれば、アプリケーションを供用して効率性を高めたり、サービスを充実することもできる。また、複数の汎用市場から生み出させる大量のデータを用いたビジネスを立ち上げることも考えられる。

　一方で、大企業は人材は豊富だが、パッケージサービス向けの人材を育成する必要がある。前述したように、これまで日本のメーカーのエンジニアは会社が決めた仕様に従って、機器や部品を設計したり調達したりしてきた。しかし、汎用ロボットを構成する部品の殆どは一般の市場

で売られているデバイスやモジュールだ。それを収めるハードウェアは中堅中小企業が製作することになるだろう。こうした製品を企画し生産ラインに送り出すために、潜在的な顧客と対話しながら、新しい製品の性能や仕様、市場にあるデバイスの使い方や必要となるアプリケーションをイメージできる人材を何人持っているかが企業の競争力を決めることになる。

　今までは、会社や上司が定めた仕様、顧客が示した仕様にしたがって、製品を構成する各パーツの設計や調達を的確にこなすことがエンジニアの仕事だった。しかし、汎用市場のデバイスのデファクト化とモジュール化が進むと、エンジニアには、汎用市場のデバイスやモジュールをイメージしながら、顧客や市場と対話し製品の枠組みを決めていく、というセンスが求められるようになる。（**図表3-8**）

図表3-8　汎用ロボットの生産体制

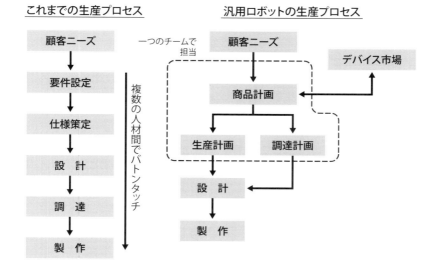

批判を恐れずに言えば、こうした素養と比較すると、日本のメーカーの営業の人材は技術に関する知識が十分でなく、設計の人材は顧客との対話力が十分ではない。特に、量産品を扱うメーカーでは分業が進んでいる分だけこうした傾向が強いように思える。IoTではコアとなるハードウェアをベースにしたパッケージサービスが強力な商品となるが、それも顧客への提案、サービスの企画、ハードウェアとシステムのインテグレーションなどを担える人材がいればこそだ。

　日本のメーカーの多くでは規格大量生産を基本に組織づくり、人材教育が行われてきた。いまだに大卒、大学院卒を一時に大量採用し、自社のカラーに染め上げる。異なる才能を活かすノウハウがないから、グローバル企業で名刺交換すれば、相当数がPHD取得者であるにもかかわらず、ドクター採用が進まない。若手は才能があっても、部長、課長で組織された組織の一員として、長い間下積みを経験しないと、一つの製品を仕切るような立場に立つことができない。給料は年功序列で年収2千万円を提示して才能のある20代を獲得することができない。50代で技術的な才能はあるものの役員になれなかった技術者を十分に処遇できず塩漬けにしてしまう。こうした人達が中国などの企業に採用され、厳しい環境下ではあるが、力を発揮している。

　IoTの時代に上述したような人材が必要と言うと、多くの日本企業は上述した既存の人事システムの下で次世代の人材を育てようとする。しかし、こんなことを続けていれば、日本は世界の技術革新の市場から取り残される。求められているのは、従前の仕組みの中での新しい人材育成カリキュラムではなく、人材活用システムの大転換なのだ。能力のある人材には今までの5倍のスピードで活躍の場を与え、他の人材については、丁寧に才能を見出し、一人ひとりの活躍のためのライフプランを話し合う、という仕組みを考えていかなくはいけない。IoTの時代には、新しい技術の取り込み、新しいビジネスモデルの開発、に加えて、日本の企業のシステムの大転換が求められているのだ。

第4章

# 2025年に向けて取り組むべきこと

第4章　2025年に向けて取り組むべきこと

　本章では、ここまで述べた、IoTに関する技術動向、市場マップ、事業運営への影響度などを踏まえて、日本企業と日本の政策が注目すべき10項目の観点を指摘する。

## ① 強い「T」を磨き出せ

　少なくともメーカーについては、IoTの時代だからこそハードウェアに磨きをかけるべきだ。理由は二つある。
　一つは、ここまで述べて来た通り、メーカーにとって付加価値の高いIoTのサービスは、質の高いハードウェアとシステムの相乗効果によって生まれるからだ。
　もう一つは、メーカーがハードウェアを除いたシステムだけで、ハードウェアビジネスの穴を埋めるような収益を手にできる姿が今のところ見えないからだ。
　マスコミなどが喧伝している、ハードからサービスへ、などという謳い文句に踊らされてハードウェアをないがしろにすると、システムがなかなか売れない、売れても大きな収入にならない、一方で、システムに目が行っている間にハードウェアが陳腐化する、という最悪の状況に陥るリスクがある。
　ただし、ここで言う「T（Things）」とはハードウェアそのものを指している訳ではない。ハードウェアとデータを吸い上げる「際（きわ）」を合わせたものを指している。IoT時代のハードウェアにとって重要なのは、単体での安定した性能とデータへのレスポンスの良さであるからだ。
　まず、メーカーの技術者はハードウェアの性能、維持管理の要否、などを規定できる情報を発するポイントを知り尽くしていなければならない。適切なポイントからデータを吸い上げられることが、データ分析の感度と信頼性のポイントになるからだ。

次に、データ分析を経て送られてくる制御の指示に迅速に反応するためのインプットの方法とポイントを適切に決めなくてはならない。

　分析側と連携してハードウェアを動かす制御システムには、ハードウェアの感度を活かすことのできる使い易さやスムーズな挙動が求められる。

　その上で、ハードウェア本体は、制御側から信号が送られない状態では安定して稼働し続ける性能を持っている必要がある。

　ハードウェアの状態を知るためのデータピックアップのポイント、適切な制御のためのインプットの方法、安定した制動、はここで述べるまでもなく、製品設計の基本だ。重要なのは、改めて基本を確認することではなく、設計上の優先順位である。これまでの設計では、ハードウェア単体の性能を少しでも上げることが最優先されていたのではないだろうか。カタログに高い性能を載せられるかどうかに強い拘りがあったのではないだろうか。

　もちろんIoTの時代にもハードウェアの絶対的な性能は重要だ。しかし、システムと一体となったサービスを提供することを考えると、例え

図表4-1　ハードウェアから「T」へ

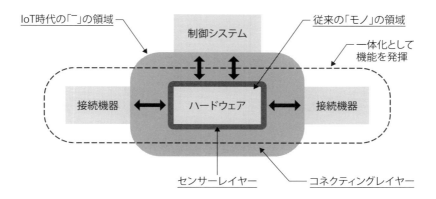

ば、発電機であれば最高の発電効率を1、2%上げるよりも、上述したデータへの感度や安定性を重視した方が顧客の事業の価値を高めることにつながる可能性が高くなる。(**図表4-1**)

設計者がこうした発想を持てるようになるためには、ハードウェアだけでなくシステム全体を常に意識する視野の広さが求められる。

## ② IとTの提携を加速せよ

日本にはIoTの時代に向けて二つ懸念すべき点がある。

一つは、グローバル市場をリードできるようなIT企業が極めて少ないことだ。アメリカがIoTの時代をリードする可能性が高いのは、グーグル、アップル、アマゾンなどの強力な新興のIT企業がいることに加えて、マイクロソフト、IBMのような老舗のIT企業もいまだに強力であることだ。パッケージソフトで一時代を築いたマイクロソフトがクラウド市場で躍進しているように、新しいトレンドへのキャッチアップ力も高い。ドイツでは産業分野で高い実績を持つSAPがIoT市場での覇権を狙っている。中国には無数のIT企業があり、業界として見ると、既にアメリカのIT産業に次ぐ力を備えつつあると考えられる。欧米中の強力なIT企業に比べると日本のIT産業の劣勢は否めない。

もう一つは、日本のハードウェア系の企業の中に、収益確保にも苦しんでいるところがいくつもあることだ。トヨタを始めとする有力企業の中には、2017年度に最高益を上げるところが何社もある。一方で、実績も豊富で、優れた技術や製品を持ちながら、先進的な商品開発も見られず、国際的な競争力を低下させ、最高益を上げる有力企業に比べて収益レベルも低位に甘んじている企業が少なからずある。こうした企業の多くに共通しているのが、ITに関する事業資源の不足だ。IT資源の不足は単に魅力ある商品を開発できるかどうかだけでなく、時代の流れに関

する感度にも影響しているように思える。批判を顧みずに言えば、厳しさを増すグローバル市場の中で取り残される可能性が少なくないのではないか。

　こうした事態を打開するための一つの方策がIT企業とハードウェアを持った企業の提携だ。これにより、欧米中の巨大IT企業に対して、ソフトウェアやサービスで差別化が難しい日本のIT企業は、ハードウェアを組み合わせることでIoTに焦点を当てた商品を開発し独自の強みを作り出すことができる。また、ハードウェアのメーカーにとっては、ITの事業資源を取り込み、ハードウェアを活かした「T」の商品を開発することができる。日本の産業界の資源を活かす大事な取り組みになるのではないか。

　ただし、お互いが深く干渉しない緩い提携では、競争力のあるIoT商品を生み出しIoT時代に向けた体質を改善することはできない。IoTの時代に向け、生き残りをかけるくらいの真剣度で取り組んでこそ成果が

図表4-2　IとTの連携

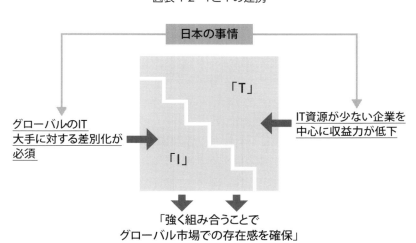

期待できる。前述したように、IoTのサービスの本質は、ハードウェアとシステムが相乗効果を発揮して進化していくことにあるからだ。明確な方針の下で、ハードウェアとシステムが変化を受け入れる環境が必要だ。

　最もシンプルな方法は合併だが、両者の方向性に違いがあったり、IoTのための提携とは関係のない事業が少なからずあったりする場合は、IoTサービスの資源を出し合って共同出資会社を設立するなどの方法も考えられる。

　ここ2、3年、日本では成長性の高い企業と停滞感のある企業の収益性の差が大きくなっている。技術革新の波を追い風にできているかどうかが差が広がる理由だ。大きな時代の波に乗り遅れないように、迅速かつ毅然たる経営判断が求められている。（**図表4-2**）

## ③ B2B2Cの顧客を掴め

　日本企業にもCMOSやMEMSでデファクトスタンダードのポジションを狙える企業があるが、その数は片手もあればいいところだ。殆どの企業は、デファクトとなるデバイスやアプリケーションがなく、メガプラットフォーマーのポジションを取ることもできない中で、確実に広がるIoT市場でどのような事業展開を図るかを考えなくてはならない。

　前章で述べたように、IoTは生産プロセスだけよりも顧客を巻き込んだ方が、顧客の事業だけでなく顧客の向こう側にいるエンドユーザーに影響を与える方が、高い効果が期待できる。IoTの市場での事業展開に当たっては、こうした鉄則にしたがってB2B2Cの対象となる顧客を囲い込むことが重要だ。

　GEのジェットエンジンのサービスがB2B2Cビジネスとなり得るのは、航空会社が競争市場の中で競合先と顧客を奪い合っているからであ

る。IoTサービスで信頼性を高めた航空会社は旅行客からの支持を高めることができる。同じ交通事業でも、鉄道は鉄道会社によってエリアが限定され、利用者は好みによって路線を変えにくい。こうした市場では、IoTサービスで運行の信頼性を高めるなどしても、顧客増につながるとは言い切れないので、航空機に比べるとB2B2Cビジネスの対象となりにくい。一方、タクシーは競争環境下で顧客を奪い合っているので、便利で安心できるサービスにつながれば顧客増につなげることができるのでB2B2Cの対象になり得る。

　不動産分野ではホテル、ショッピングセンター、レストラン、スポーツジム、等、およそ顧客がいる施設ではIoTサービスにより、便利さや

図表4-3　IoT市場のポジショニング

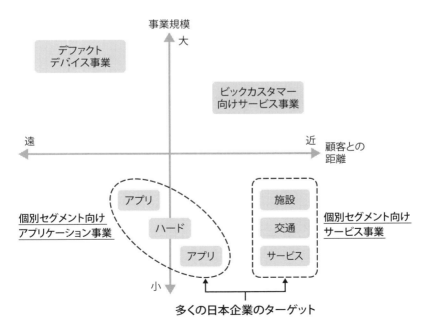

快適さを高め顧客を増やすことができるのでB2B2Cビジネスの対象になる。病院のような公共分野でも患者増につながるし、公立病院では、病院の向こう側にある公共団体の経営にIoTサービスの効果を訴求することもできる。オフィスビルでは利用者に対してIoTの効果をアピールしにくいが、以前情報インフラを整備して外資系企業の誘致に成功した例がある。中期的に見ればB2B2Cビジネスの対象になり得る。このように、不動産市場はIoTの重要な市場になりそうだ。ある研究会でIoTのニーズをヒアリングした際、不動産市場でのニーズが一番大きかったという話もある。

　こうした事業を営む顧客に対して、自社のハードウェアをいかに売り込むか、ではなく、ハードウェアから派生するサービスでエンドユーザーに届く価値をいかに提供するかを考えていく。ただし、航空会社に対するジェットエンジンのようなコア製品があるケースは稀だ。不動産には様々な設備、機器が納入されているし、一つの企業が取りまとめているケースは殆どない。したがって、重要な設備・機器を納入している企業が手を組んでIoTサービスを提供していくことになる。設備の納入の有無にかかわらず、設備・機器の運転・維持管理サービスからIoTサービスに展開していくという選択もあるだろう。むしろ、こちらが不動産市場でIoTサービスを展開するための標準的な形態と考えられるが、ハードウェアとシステムの大きな相乗効果は期待できないので収益力は低くなるかもしれない。

　いずれにしても、自社の素養と市場環境に即したサービスの提供体制を考えていくことが欠かせない。(**図表4-3**)

## ④ 大樹に寄り添え

　IoT市場で事業を成長させ易いのは、デファクトスタンダードとなったデバイスやシステムを供給する企業、プラットフォーマーとなった企業、GEのように強いハードウェアを軸に事業を展開できる企業、そしてニッチなマーケットに対して競争力のあるサービスを提供できる企業、である。例えば、ヘルスケアなどの分野で中堅企業がIT企業などと組んでIoTサービスを展開し、しっかりと収益を上げれば大企業の攻勢は受けにくい。これに対して、厳しい競争が予想されるのが、ハードウェアの競争力が決定的に高いと言えず、ニッチなマーケットに展開しても企業業績への収益貢献度が低い大企業ではないだろうか。多くの日本企業が該当するポジションだ。

　こうしたポジションでは、ハードウェアの売上の低下を避けるために、収入増を見込めない中で、競争相手に対抗するためにIoT投資をせざるを得ない、という状況となる可能性がある。こうなるとハードウェアやシステムの改善に十分な資金を投じる余裕がなくなり、ハードウェアとソフトウェアが互いに負担となり、負のスパイラルに陥ることになる。一たびハードウェアとシステムを一体としたサービスに乗り出した以上、モノ売りに戻ることもできず、ジリジリと競争力と収益が低下することになる。

　IoT市場では顧客のニーズとサービサーのアイデアで百花繚乱のサービスが展開されるが、ハードウェアのバラエティが並行して増えていく訳ではない。サービスで差別化を図る分、ハードウェアにはしっかりとした基本的な機能が求められるようになる。投資効率を考えれば、ハードウェアの仕様を一定にして、システムやサービスのバラエティを増やして顧客のニーズに応えていく方が戦略的に正しくなろう。ハードウェアのバリエーションは、サービスドリブンで事業を展開するで、必要に応じて、増やしていけばいい。

こうした市場で、メーカー各社が自社仕様の製品に拘って競争を繰り広げるのは個々の企業にとっても産業界にとっても好ましいことではない。自社のハードウェアや顧客ネットワークに競争力がないと判断した場合は、競争力のある企業に提携を申し入れる方が賢明と考えるべきだ。
　日本のメーカーは自社のオリジナル製品に拘る傾向があったので提携戦略には抵抗があるかもしれない。競争力のある企業と提携すれば、自社製品の仕様を、相手方のハードウェアの強みを活かせるように設計されたシステムと連動するように変更していかなくてはならない。特に設計陣としては忸怩たる思いがあるかもしれない。
　しかし、グローバル市場での競争が激しく、厳しい環境対応が求められ、IoTでも先頭を切って投資をしている自動車業界では、共同開発、プラットフォームや部品の共有などが進んでいる。各社は主要な仕様を共有する中でデザインやアプリケーションで独自性を保とうとしている。企業名が消えることは稀だが、結果として、実質的な市場統合、グループ化が進んでいる。最も厳しい開発競争を強いられる市場での取り組みからは、IoTという大きなトレンド中で普遍的な生き残り策が見えてくる。

## ⑤ 戦略プランナーと顧客向けサービサーを育成せよ

　B2B2Cビジネスを中心に顧客事業の付加価値を拡大することをIoTビジネスの目標に掲げ、その達成に邁進するためには優れた人材の獲得が欠かせない。最も重要になるのは、どのような市場をターゲットとし、顧客にどのような価値を提供し、その向こうにいるエンドユーザーの満足度をどのように高めるか、を想定し、そのためにどのようなシステムを構築し、ハードウェアとシステムの相乗効果をどのように高め、顧客とプロフィットシェアするためにどのような条件を交わすか、など

を考えることだ。並行して、サービスを提供する側の企業間の提携も不可欠となる。さらに、モノ売りからサービスへの移行と格好の良いことを言っても、売り切りに比べ収入が後送りとなることの財務的な負担をどのようにヘッジするかも考えなくてはならない。現場の体制作りも大変だ。

　IoTビジネスには、これだけの役割を担える司令塔の存在が何よりも重要だ。ハードウェアを知り尽くし、システムを理解し、財務や契約にも明るいスーパーマンのような人材がいればいいが、そうもいかない。仮にいたとしたら、その人がいなくなった後が続かない。重要なのは、専門性を持った複数の人材で司令塔の役割を担っていくことだ。例えば、マーケットごとにリーダーを決め、システム、契約、財務などについては専門性の高い人材を充て、複数のマーケットを横通しにしてプロフェッショナルな仕事を提供する、という体制が考えられる。こうする

図表4-4　IoT市場のコア人材

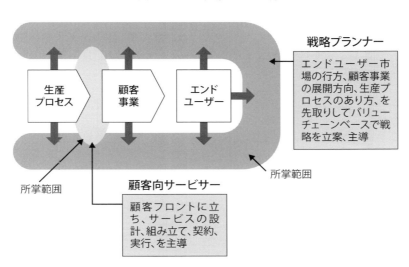

と、マーケットごとのリーダーは周囲からの信頼が厚い社内の生え抜きを充てることになるだろう。その上で、プロフェッショナル人材については社外から登用することもできる。司令塔の設計はIoTビジネスで最初にクリアしなくてはならない課題だ。

　司令塔の設計・構築に目途がついたら、次に重要となるのは、顧客とのフロントに立つサービサーだ。日本のメーカーにも優秀な人材がたくさんいるが、営業は技術の知識が豊富でなく、ビジネスモデルや契約にも必ずしも明るくない、技術者は顧客の前でいきなり仕様書の話を始める、といった状況を目にすることが少なくない。ビジネス支援サービスでは、営業・技術・契約等などに幅広く通じている人材がいるに越したことはないが、こんな人材を顧客の数だけ揃えられる会社はない。ビジネス支援サービスで顧客のフロントに立つ人材に対しては、求められる素養を絞り込まなくてはならない。

　そうした視点で最も重要なのは、顧客のニーズや事業を取り巻く状況を判断して、引き出しを柔軟に開け閉めできる能力である。技術、システム、契約などに関する専門的な知識を全て理解する必要はないが、個々の引き出しには、セールスポイント、リスク、事例、担当者などの情報が入っており、顧客との対話をこなし、そのプロジェクトで使う引き出しを開け、メッセージを投げ込める素養だ。多くの素養が求められるポジションでは、一人ですべてに応えようとしたり、一人で顧客満足を獲得しようとする人材は危うい。重要なのは、フォワードやディフェンスの力量を知り、相手の攻撃をかわしながら、正確なパスを出せるミッドフィルダーのような選手だ。（**図表4-4**）

## ⑥ 社内の人材システムをゼロベースで再構築せよ

　日本がITで欧米中に出遅れた理由の一つは過去の大卒年功序列の賃金体系を引きずっていることだ。ITエンジニアの年収をアメリカと日本で比べると倍以上の差があるという。アメリカではシステムのデザイン、プロジェクト運営等付加価値の高い業務に就く人が多い一方で、日本では労働集約的なコーディング業務に就く人が多いためとされる。

　IoTやAIの時代に一律的な賃金体系で優秀な人材を処遇することは難しい。能力によって産み出す価値が、それこそ桁違いに違うからだ。一般の日本企業の昇給昇格体系と業績評価制度を使って、大学新卒の優秀な人材を処遇しても、30歳で平均的な人材の2倍程度の給与を支払うのがせいぜいだろう。つまり、どんなに頑張っても、一千万円を少し超える程度にしかならない。大学院を卒業し数年経ったトップ人材に対する処遇がこれでは、グローバル市場での優秀な人材の獲得競争ではお話にならない。

　人材の評価は経済的な報酬に素直に現れている。日本にも優秀な経営者はたくさんいるが、「一般論として、飛び抜けた能力を持った経営者は欧米と日本でどちらが多いですか」と問われれば、欧米と応える人が多いだろう。そして経営者の報酬は欧米が高い。現場を支える技術者のレベルは日本が高いという評価が多いだろうが、ここでの報酬で日本は劣っていない。雇用の安定さなどを考えれば日本の方が待遇がいいとも言える。アメリカのIT業界には煌くような才能の技術者がいるが、報酬面では日本と比較にならない。このように人材の優秀さと報酬は連動していることを日本企業は素直に受け入れ、グローバル市場で勝ち抜くための優秀な人材を処遇するための体制を整えるべきだ。

　そのためには画一的な人事制度をゼロから見直す必要がある。例えば、大卒を大量一括採用し、何ヶ月もかける集合教育は画一的な人材を育てることにつながっているのではないか。また、優秀な人材には平均

的な賃金体系からの逸脱コースを積極的に奨励するくらいでいいのではないか。昇格昇給と年収を連動させる賃金体系を改めるべきではないか。

　コンサルティング業界では力があれば若くてもドンドン年収を上げるし、経営者より年収が高い若手コンサルタントがいることも許容される。技術系、コンサルタントのような専門系の人材に対しては、能力に対して賃金を払うことを徹底することが優秀な人材の確保と成長につながる。また、中高年になってから不稼働人材を減らし、モチベーションを維持することにもつながる。報酬に偏重した人事評価については、儲け主義や自分の実入りに固執する人材を増やす、等の批判もあるが、これらは評価方法を見直すことで相当程度改善できる。

　画一的な人材の確保、育成から脱するためには、社員個々人と向き合い、一人一人の優れた点を見出し、既存の業務のテンプレートに制約されることなく、一人一人の優れた点を活かそうとする人事、マネジメントシステムが欠かせない。管理側の負担は増えるが、それがあれば、多様な人材が生きていける職場づくりにもつながる。グローバル市場で戦える優秀な人材の確保とは、個性を活かす人材戦略と表裏一体なのである。

## ⑦ IoT立国を宣言せよ

　ここまでは企業に向けての提言だが、ここからは政策面の提言としよう。

　まず始めに言いたいのは、「IoT立国」を宣言することだ。1980年代に「Japan as No.1」と言われた時代からバブル崩壊、金融危機を経て日本の産業政策は迷い続けた。この間、迷いの背景には何時もアメリカを中心とする海外で勢いを付けた産業の影があった。今でも、日本にシリコンバレーを創りたいとの声は根強いが、移民政策も教育政策も文化も違

う日本で同じような拠点を作れるはずはない。代わりに、国内の旺盛な投資と人口移動を梃子に中国が深圳を世界的な新興産業の中心地としてしまった。東京を国際金融都市にという声もあるが、アジアで金融拠点として地位を高めているのはシンガポールや香港だ。バブル経済の崩壊から四半世紀を経て振り返るべきなのは、産業拠点づくりや産業政策においては、その国や地域の素養が前提となる、という歴史だ。自らを知ることなく、グローバル市場で求心力を持てるような拠点や産業はできないのである。

　そうした意味で、グローバルIoT市場が立ち上がらんとしている時に、どのような政策を採るかは日本にとって極めて重要である。IoTは良くも悪くも日本のお家芸である製造業の将来に決定的な影響を与えるからである。日本のモノづくりの力が落ちたという指摘もあるが、海外でそんな話は滅多に聞かない。勢いのある産業の変遷はあるものの、日本のトップランナーのメーカーはグローバル市場でも高く評価されている。中身を変えながらも日本の製造業が国際的にも高い評価を維持できているのは、日本にレベルの高い製造業を営むための素地があるからである。

　こうした理解に立ち、政策サイドには「IoTで日本の製造業をますます強くする」、と明確に宣言してほしい。確かに、メガプラットフォーマーは脅威だが、今更日本が出ていったところで太平洋を挟んだ米中の競争に割って入れる訳ではない。IoTにはプラットフォーマーでも力の及ばない領域があるから、迷うことなく本章で述べているところの「T」を磨き上げることに焦点を合わせるべきだ。

　IoT立国を宣言したあとも、政府ができることは色々ある。

　上述したように、IoTでモノ売りからサービスに移行すると、中期的には収益増を期待できるが、当面は投資負担が増えたり実入りが先延ばしになったりする。こうした企業に税制面で支援すればサービス化への一歩を踏み出し易くなる。ユーザー側の後押しも重要だ。例えば、IoT

サービスを受け入れるための検討やサービスの効果を高めるためのシステム投資の後押しなども有効だろう。技術開発については、色々な政策手段があるが、特に重要と考えられる点は三つだ。日本が技術面で優勢を得るためのデファクトに成り得るコアデバイスの開発支援、IoTサービスの導入につながる実証的な事業の支援、ロボットなどで変革が期待される中堅中小企業のIoT技術の導入に関する支援だ。

　海外に行けば、製造業を中心とした日本の産業基盤を羨む声は少なくない。四半世紀の迷いから覚め、製造業の革新を目指してIoTに注力すれば、そうした声が一層大きくなるような成果が上がるはずだ。

## ⑧ IoTベンチャー市場を育成せよ

　GEのジェットエンジンやプラントのIoTサービスは大企業がモノ売りからサービス提供に転じるための舞台になる。提供されるハードウェアの規模が大きいから、将来的にもこの構造は変わらない。一方で、モノづくりと関係するIoTで、もう一つ重要になるのがロボットの市場であり、中でも汎用ロボット市場の成長性は高い。そして、十万円台の商品が主流となる多品種小ロットの市場では、中堅中小企業の活躍が期待される。

　第3章でも述べたように、ここでは二つの事業形態が想定される。一つは、大企業が複数の市場の顧客を取りまとめる下で中堅中小企業がロボットを提供する形態であり、もう一つは、中堅中小企業が直接顧客にサービスを提供する形態である。

　前者の形態では、大企業はロボットの製作やメンテナンスを自ら手掛けようとはしないだろう。顧客の窓口となってプラットフォームを形成し、ロボットの提供と利用に関するデータを取得・分析し、他の事業と連携するなどして、新たな付加価値を創り出すことに焦点を当てること

になう。したがって、大企業の傘下となっても、中堅中小企業には、ロボットの開発、設計、製作、メンテナンスなどの業務を主体的に請け負うことができる。こうしたロボットに関する実質的な業務を握っていれば、大企業が顧客のフロントに立ってロボットの性能要件を提示してきても実務に根差した色々な提案ができる。複数の種類のロボットを手掛けられるようになれば、ロボットのODM（Original Design Manufacturing）ビジネスを水平展開することができる。

　後者の形態では、顧客のフロントに立ち、ニーズを把握してロボットの要件を作り、情報基盤も整備してサービスを提供することになる。大企業にマージンを抜かれることはないが、自らの判断でロボットの要件を決めていくので投資リスクは大きくなる。顧客をしっかりと繋ぎ止め、事業としての収益性を高めるために、ロボットの提供だけでなく、顧客の業務を幅広にサポートしようと考えるだろう。つまり、ロボットを使った特定分野の業務サポートサービサーとなる。

図表4-5　IoT時代のODM企業

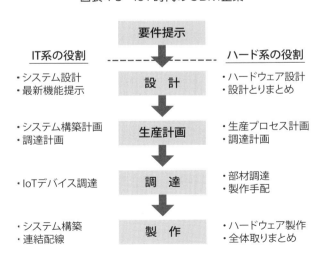

一見すると顧客と直接対面する後者のビジネスモデルの方が優れているように見えるが、必ずしもそうとは言えない。顧客と直接対面するためにはロボットの製造、メンテナンスの他に、マーケティング、サービスなどの事業資源を抱えなくてはならず、資源に限りのある中堅中小企業の経営資源が分散する怖れがあるからだ。企業の特性に合った戦略を選ぶことが成功の条件だ。

ロボットに限らず、ハードウェアにIoTやAIの機能を搭載した製品、サービスは中堅中小企業にとって飛躍のチャンスになる。産業の足腰と言える中堅中小企業が飛躍すれば、日本経済の将来も明るくなる。これを政策的に後押しするためには、IoT、AIの投資を後押しするための政策だけでなく、ハードウェアに強い企業とITに強い企業のマッチング、IoT、AIに関する知識の普及や導入に向けてのアドバイスといった、全方位型の支援が期待されるところだ。（図表4-5）

## ⑨ IoTの場づくりのために規制を再構築せよ

IoTを普及するためには規制緩和が不可欠だ。IoTで最も注目度の高い自動運転については、規制緩和のための検討が進んでいる。まずは、公道での実証が可能となり、特定の条件下での自動走行が認められる、というプロセスを経て革新技術を使える環境が整備されていく。日本でも遠隔監視の下であれば、低速、固定ルートの自動運転が認可されようとしている。

IoT導入の大きな効果の一つは、今まで人間が監視していた機器や設備をデジタルデータで監視できることだ。一方で、機器や設備の安全性などを確保するために多くの規制や基準が作られている。特に、事故が起こった場合の危険度が高い機器、設備については資格を持った人材による監視が義務付けられている場合が多い。いかにIoTでデジタルデー

タ管理ができるようになっても、こうした規制が残っているとIoTの導入効果が大幅に低下する。規制をそのままでIoTを導入すると、IoTと人間が二重で機器、設備を管理・監視することになり、反って非効率になった、という事態も起こり得る。これでは革新技術は遅々としてしか社会に浸透しない。

　しかし、システムでの管理が人間の監視と同等であることを証明するのは簡単なことではないのも事実だ。そもそも考え方のベースが異なるからだ。機器や設備の状態をどれだけ正確に監視できるかという点だけを考えると、最近のセンサーの性能を踏まえればシステムの方が上と言えるようになっている。しかし、機器・設備の異常の有無を判断し、必要に応じて行動する点については、完全な自動制御ができない限り、有資格者による監視の方が優れている面があるのは否定できない。このように評価のベースが異なる中で、IoTを導入するためには、観念的な比較を避け、IoTを使った場合の具体的なケースを対象に検討を行い、定量的な対応策を求めることだ。

　IoTサービスを調達する側は、現在がIoTを始めとする革新技術が日進月歩で進化している時代である、との認識を持つことが重要だ。現時点で英知を尽くして検討した規制や基準も、2、3年もしたら技術の現状に即していないという事態も起こり得るのがこの時代だ。

　革新技術を導入すれば、サービスを受ける方は経済性や利便性等のメリットを享受でき、サービスを提供する側もコスト面でのメリットを享受し、サービスモデルを革新することができる。需給双方のメリットを享受できる状況が日本全体に広がれば、社会としての効率性が上がり、新しい産業が興る。

　こうした恩恵を日本全体で享受しようという意向を社会的に共有できるかどうかで、IoTを他国に先んじて導入できるかどうかが決まる。そのためには、革新技術の新たな提案、人間がやっていた業務を代替する提案等は、人命に関わるようなリスク等明確な理由がない限り、まずは

第4章 2025年に向けて取り組むべきこと

受け入れる、問題があったら迅速に対処する、という方向性を共有したい。次項で述べるように、公共団体は数多くの業務を調達しているから、自らが進んでそうした方針を出し、革新技術導入のトレンドを先導してはどうだろうか。

## ⑩ 公共市場をIoT化せよ

公共団体は、施設やインフラの設計・建設・維持管理・修繕、各種のサービス、システムの構築・運用、等、膨大な業務を調達している。また、これらに関わる巨額の資産を抱えている。一方で、公共財政の悪化により、将来の健全な業務の調達、資産の維持が危ぶまれている。ま

図表4-6　公共IoT事業の立ち上げプロセス

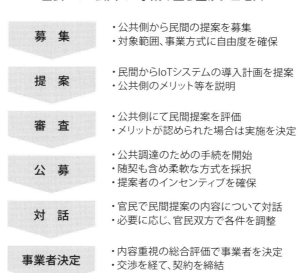

た、公共団体では職員、特に技術系の職員の不足が深刻になりつつあり、公共団体から業務を受託する企業においても、人材不足で入札に応じることができない、という事態が頻発している。人口減少や高齢化で事態がますます悪化することは誰の目にも明らかだ。公的な業務は、財政、人的資源の面で抜本的な改革が待ったなしの状況となっている。

　1990年代末からPFIの導入等により公共サービスはかなり改革された。しかし、人材が不足しているのは民間も同じだから、今後は民間移転、官民協働だけで公的事業の問題を解決することはできなくなる。筆者は、公的事業が直面する問題を解決するために、革新技術、特にIoTの積極的導入に勝る方策を思いつかない。（**図表4-6**）

　公的分野にIoTを導入するための方策はいくつも考えられる。

　一つ目は、システムや施設の維持管理業務などで、特段の理由がない限り、人材を張り付けるような条件を一掃することだ。結果として、IoTを中心とした技術の導入が進む。

　二つ目は、性能発注を徹底することだ。どんなセンサーを付け、どんなシステムで分析するなどは全て民間に任せることで創意工夫の意欲を高める。

　三つ目は、民間事業者を総合評価で選定し、革新技術を使ったサービスの提案の良否を重点的に評価することだ。これによって革新技術の導入と人件費単価の叩き合いをなくす。

　四つ目は、入札制度を柔軟に解釈することだ。これにより、入札プロセスの中で、民間事業者と公共団体が対話しながら効率的で効果的なシステム計画を組み上げるようにする。

　五つ目は、既存のサービスにおいては、民間事業者から革新技術を使った代替案が提案された場合、特段の理由がない限り受け入れるようにすることだ。これにより、契約期間中にも業務内容を革新しようという意識を植え付ける。

　六つ目は、複数施設、複数団体を対象としたサービスの提案を受ける

ことだ。省庁、課、施設、で分断された公募でIoTの効率性が大きく低下する状況を変える。

　七つ目は、自前主義を廃し、クラウドや既存のアプリケーションの利用を原則とすることだ。公共団体側に、市場にあるシステムやサービスに合わせて自らを変革していく、という意識を持たせる。

　公的分野では、PFIのような付加価値の高い事業の対象となる市場だけでも20兆円もの規模がある。ここがIoTに向けて大きく舵を切れば、魅力のあるIoT市場が生まれ、公共団体の経営は改善され、民間市場にも影響が波及する、という三方良しの効果が期待できる。IoTのような革新技術の主人公が民間事業者であることは確かだが、自らが巨大な市場としての意識を持てば、公共団体が主体的に次世代産業の立ち上げに関与することができる。まずは隗より始めよ、である。

## 著者略歴

**井熊　均**（いくま　ひとし）
株式会社日本総合研究所
専務執行役員　創発戦略センター所長
1958年東京都生まれ。1981年早稲田大学理工学部機械工学科卒業、1983年同大学院理工学研究科を修了。1983年三菱重工業株式会社入社。1990年株式会社日本総合研究所入社。1995年株式会社アイエスブイ・ジャパン取締役。2003年株式会社イーキュービック取締役。2003年早稲田大学大学院公共経営研究科非常勤講師。2006年株式会社日本総合研究所執行役員。2014年同常務執行役員。環境・エネルギー分野でのベンチャービジネス、公共分野におけるPFIなどの事業、中国・東南アジアにおけるスマートシティ事業の立ち上げ、などに関わり、新たな事業スキームを提案。公共団体、民間企業に対するアドバイスを実施。公共政策、環境、エネルギー、農業、などの分野で60冊を超える書籍を刊行するとともに政策提言を行う。

**木通　秀樹**（きどおし　ひでき）
1964年生まれ。慶応義塾大学理工学研究科後期博士課程修了（工学博士）。石川島播磨重工業（現IHI）にてキュービックニューラルネット等の知能化システムの技術開発を行い、各種のロボット、プラント、機械等の制御システムを開発。2000年に日本総合研究所に入社。現在、創発戦略センター・シニアスペシャリスト。新市場開拓を目指した社会システム構想、プロジェクト開発、および、再生可能エネルギー、水素等の技術政策の立案等を行う。著書に「なぜ、トヨタは700万円で『ミライ』を売ることができたか？」（B&Tブックス・共著）、「IoTが拓く次世代農業-アグリカルチャー4.0の時代-」（B&Tブックス・共著）、「創造力を鍛える マインドワンダリング-モヤモヤから価値を生み出す東大流トレーニング-」（B&Tブックス・共著）、「「自動運転」ビジネス 勝利の法則-レベル3をめぐる新たな攻防-」（B&Tブックス・共著）など。

大胆予測！IoTが生み出すモノづくり市場2025
「T」を起点にバリューを織り込め　　　　　　　　　　　NDC335

2018年3月26日　初版1刷発行　　　（定価はカバーに表示してあります）

Ⓒ　著　者　　井熊　　均
　　　　　　　木通　秀樹
　　発行者　　井水　治博
　　発行所　　日刊工業新聞社
　　　　　　　〒103-8548　東京都中央区日本橋小網町14-1
　　電　話　　書籍編集部　03（5644）7490
　　　　　　　販売・管理部　03（5644）7410
　　ＦＡＸ　　03（5644）7400
　　振替口座　00190-2-186076
　　ＵＲＬ　　http://pub.nikkan.co.jp/
　　e-mail　　info@media.nikkan.co.jp
　　企画・編集　新日本編集企画
　　印刷・製本　新日本印刷㈱

落丁・乱丁本はお取り替えいたします。　　　2018 Printed in Japan
ISBN 978-4-526-07838-5
本書の無断複写は、著作権法上の例外を除き、禁じられています。